中央高校基本科研业务专项资金重大项目（SWU1809023）

U0773100

成渝经济区地方政府跨域治理
合作机制的理论与实践

杨　毅　张　琳　著

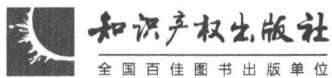

知识产权出版社
全国百佳图书出版单位

图书在版编目（CIP）数据

成渝经济区地方政府跨域治理合作机制的理论与实践/杨毅，张琳著．—北京：知识产权出版社，2019.5

ISBN 978 - 7 - 5130 - 6226 - 8

Ⅰ．①成… Ⅱ．①杨… ②张… Ⅲ．①经济区—地方政府—行政管理—合作—研究—成都、重庆 Ⅳ．①D625.711②D625.719

中国版本图书馆 CIP 数据核字（2019）第 077760 号

内容提要

本书以成渝经济区为视角，探讨地方政府跨域合作治理问题。以成乐绵联动发展为典型的强势促进机制，以毗邻区域共生发展为典型的多元参与机制，以五大功能区协调发展为典型的上级驱动机制是成渝经济区地方政府在跨域合作治理实践操作中所取得的模式与机制的创新。为此，本书从理论上探索推进地方政府区域合作的路径并构建其合作实施的规制，为成渝区域发展提供理论保障。

责任编辑：石红华　高志方		责任校对：王　岩	
封面设计：陈　曦　陈　珊		责任印制：孙婷婷	

成渝经济区地方政府跨域治理合作机制的理论与实践

杨毅　张琳　著

出版发行：知识产权出版社 有限责任公司		网　址：http：//www.ipph.cn	
社　　址：北京市海淀区气象路50号院		邮　编：100081	
责编电话：010 - 82000860 转 8130		责编邮箱：shihonghua@ sina.com	
发行电话：010 - 82000860 转 8101/8102		发行传真：010 - 82000893/82005070/82000270	
印　　刷：北京建宏印刷有限公司		经　销：各大网上书店、新华书店及相关专业书店	
开　　本：787mm × 1092mm　1/16		印　张：13	
版　　次：2019 年 5 月第 1 版		印　次：2019 年 5 月第 1 次印刷	
字　　数：217 千字		定　价：58.00 元	

ISBN 978 -7 -5130 -6226 -8

摘　要

在全球化、城镇化、信息化的时代趋势下，行政实践中产生了大量以跨区域、跨领域为特征的公共管理议题，绝非一城一地政府能够单独面对。传统"行政区行政"这一基于地域基础上的内向型管理方式已经不能实现治理的回应性，亟须打破本位主义行政藩篱，发挥地方政府的自主参与性、统筹互动性，完善区域公共事务的共同治理，增强区域整体协作能力。同时，自然资源及空间区位优劣造成的经济社会失衡，地方政府无序化及同质化竞争加大区域发展差异，使公众对区域公共服务的需求凸显，必须通过地方政府合作"健全区域协调互动机制"（十六届五中全会《建议》），协同跨域公共服务的均衡供给，提升区域社会管理绩效。为此，需要推进地方政府区域合作并构建其合作制度支持体系，以优化区域公共管理。

本书立足于地方政府间跨域合作治理风起云涌的时代潮流以及成渝经济区地方政府合作机制渐进深化的现实态势，通过系统的文献梳理，研究地方政府区域合作理论的发展趋向，分析时代背景下区域公共管理及跨域治理对政府区域合作制度的现实要求；通过问卷调查和深度访谈剖析成渝经济区地方政府跨域合作现状，并对成渝经济区地方政府间跨域合作典型事例进行历时性研究，全方位勾勒城乡统筹发展、城镇化进程背景下地方政府合作机制在区域公共服务与跨域性事务治理中的嬗变路径；通过结构方程模型实证分析以公众需求和满意度为价值导向的成渝经济区地方政府跨域治理绩效，并在借鉴国内主要经济区以及国外地方政府区域合作机制的主导模式、主要措施的基础上进行路径优化设计。

具体而言，本书涵括导论、八章及尾论十部分内容。

本书从文献回顾角度，阐述了西方学者对地方政府间合作抑或是横向行政关系的研究，主要基于三个维度：其一是经济学视角，主要是新兴经济学流派在区域发展过程中对经济社会问题的思考，地方政府以及其他社会组织如何参与调控协作并发挥应有功能作用的理论对策；其二是政治学视角，体现了传统政治学领域关注纵向宪政规范与结构的偏好转向，更多着力进行府际关系与区域公共治理的研究；其三是行政管理学视角，着重分析地方政府合作中的行政行为问题，涵括了竞合机理、动态运作以及规范模式等。在国内，对地方政府合作机制的研究起始于 20 世纪 90 年代，伴随着探讨政府（中央与地方、地方与地方）及其权力关系而展开，呈现三种研究取向，即经济、法律与行政取向。经济取向主要探讨市场经济体制与国家宏观调控机制的配合性问题、区域经济竞争与区域公共物品供给的互动性问题、区域经济增长与区域统一市场建构的统筹性问题。法律倾向则认为，经济一体化及区域经济发展过程中都需要政府间通过合作形式来加以有效推进，无论是西方国家的实际经验还是我国的渐进探索，政府间合作的稳定化、正规化模式都是运用行政协议的方式来完成的。行政取向强调通过府际关系调整来优化合作机制，指出开展横向合作是根源于利益驱动以及发展的不平衡，应以分权调动各方积极性为逻辑起点，以地方个性化发展为战略基础。

　　本书从经验借鉴角度，通过对比研究，系统梳理了以京津冀城市群为例的政策驱动型区域政府合作模式（其核心特征是主要依靠上级政府推动跨域合作治理）、以长三角城市群为例的市场驱动型区域政府合作模式（其基本要求是在区域内建设完整的市场体系，促进交通链接、旅游联动、生态环境治理、资源流动与共享）、以珠三角城市群为例的综合共力型区域政府合作模式（相较于前两者，该模式尤其强调各个治理主体间的协作、互惠与平衡）。此外，本书立足于地方政府间跨域合作治理的全球趋势，探讨了美国地方政府跨域治理的立体多维模式、英国地方政府跨域治理的 SCP—结构模式以及日本地方政府跨域治理的多维圈层模式，并总结可以从"制度""体制"和"机制"三个维度全方位借鉴其经验。即完善地方政府间跨域合作治理"制度"的设计与安排，规范针对跨域治理所形成的顶层设计与协议准则；明确地方政府间跨域合作治理"体制"的选择与优化，厘清成渝经济区跨域治理多元主体的职能与相互关系，形成更完善的行动者支持网络；实现地方政府间跨域合作治理"机制"的创新与提升，构建成渝经济区内地方政府间跨区域合作有效开展的具体化、多层次、多维度的保障措施。

本书从现状诊断角度，通过问卷调查、深度访谈等形式，从"场域力""向心力""离心力"三个维度系统论证了成渝经济区地方政府间跨域合作治理的内在动因机制，并通过对成渝经济区地方政府间200余例跨域合作案例的整理与归纳，从"合作广度""合作深度"和"合作频度"三个方面阐述了当前成渝经济区地方政府间跨域合作的基本现实态势。研究也从个案分析的角度，探究了成渝经济区地方政府间跨域合作的典型，即以成都"飞出"为典型的飞地经济合作模式、以重庆两江新区管委会为典型的组织制度创新、以南充边缘区域为典型的合作行动路径构建以及以重庆五大功能区为典型的政策规制优化，为深度窥测成渝经济地方政府间跨域合作治理的基本策略、主要方式形成四个有益视角。此外，从实证分析角度借助结构方程模型（SEM），以"耦合性""协同性""可持续性""公众期望""公众价值感知"和"公众满意度"为五大方面，以公众需求和满意度为价值导向，分析了成渝经济区地方政府间跨域合作的现实绩效，并认为提供高质量的公共服务、提高居民参与度、加强政府与居民的沟通与互信是提高其跨域合作治理效能的三个着力点。

本书从路径优化角度，提出为进一步实现成渝经济区地方政府跨域治理过程中协作能力的增强与公众需求的满足，首先需要厘清成渝经济区内合作治理网络行动者之间的利益联系和内在机理，继而着重勾勒地方政府职能的定位、运用以及适用性转变路径，通过实践范式与竞争机制的更新与实施构建一个以政府引导为核心、涵括第三方机构以及利益相关者在内的外围共建与内部治理相结合的跨区域合作治理行动者网络。即通过明确跨域治理的目标价值、治理理念、目标效果以重塑规律切合性与目的切合性相统一的跨域合作治理的治理思维；通过规范政府协同合作的法律依据、法律效力、法律建议以构建合规化的跨域合作治理的外围共建机制；通过完善跨域治理的动力激励制度、府际协调制度、监督约束制度以强化跨域合作治理的内部组织保障；通过完善利益整合机制、议题协商机制、协同执行机制、效果评价机制以提高跨域合作治理的运作协同性。

目　录

第一章　导　论

1.1　问题的提出

在现代国家的行政制度中，对领土进行区域划分，以便实现统治、践履职能、治理社会、供给服务，并在此基础上形成体现管理层级关系的行政建制，成为地方政府区域管理的实践渊源。地方政府作为管理一个国家内部行政区划事务的政府组织，通常对应于中央政府，其设立的本意即是实现国家整体统治在特定区域管理的延伸。传统国家理论将地方政府视为上级政府的分支机构，是承担"牧民"责任的地方区域代理人。在联邦制国家的早期，地方政府的角色功能亦是如此。19世纪末以前，美国的地方政府运作亦受制于州议会。这就从本源上造成在政府结构体系的运行环境中，纵向关系（中央—省—市—县）较为发达，地方管理的资源、职责往往需要与上级进行事权、财权的相互协调与配置；而横向关系的发展则始终摆脱不了科层制等级控制模式的桎梏，地方政府运用内向型区域管理方式以解决辖区公共事务，缺乏甚至没有与相邻区域地方政府之间进行关联与互动。在中国地方行政制度的历史上，秦汉以来郡县制取代分封制，地方行政更加具有绝对从属于中央政府或者上级行政机构的制度传统。除了少数战乱时期或者是分裂时期外，地方机构设置中府、县亦或州、道、行省历来都是纵向行政流程中具体功能的组织载体，地区政府间横向联系的功能事实上受到抑制或被阻隔。

从历史维度来考察，这种弱化地方横向联系的行政体系设计，一方面固然是为了维护巩固中央政府的统一权威和执政效能；另一方面与生产力发展水平不高以及产业经济结构简单关系密切。当然，在中外实际行政管理中，地方政府横向关系的相对不发达并不意味着其不存在，甚至在有些时期或者领域基于横向关系而引致的地方政府间合作频度相当密集。其主要特点是以纵向行政指令来推动横向跨域事务的协作，主要包括两类合作模式：功能性机构设置模式与临时性任务执行模式。前者是针对地区间自然条件和经济资源的不均衡进行的国家统筹协调，通过设置较高级别乃至中央直属的跨区域行政机构来促使地区间的合作，其主要领域涵括跨区域河流防汛工程、疏浚治理以及粮食、盐铁等经济物资调运等。而后者主要是着眼于某个地方区域临时性事务，由中央命令相邻区域或其他区域给予行政协助或财政支援。这种地方政府间合作常发生在自然灾害救助、政策性人口迁徙以及军事行动后勤保障方面。例如，清朝为了应对中央财力的匮乏，特别规定协饷制度"凡各省之协饷，则稽其数"[1]，即是指对地方贫瘠、收支不能平衡的省份，由税收富裕的省份进行拨款协助。但这种区域地方政府之间横向协作关系发生的总体频度较少，又往往受到上级政府直接的行政介入与指导，自主性明显受限而且不利于合作领域向深度发展以提升其绩效水平。

从现实角度来评价，横向关系受到纵向关系的重要影响除了行政体制传统和历史演进的原因外，央地间事权、财权的配置也是一个核心因素。就我国的行政实践来看，自中华人民共和国成立以来历次行政改革无非围绕两大问题展开：其一是中央级行政组织的功能性问题，主要涉及国务院系统进行部委职能整合调整与优化配置；其二就是各级政府间责权配置的结构性问题，主要涉及中央、省市、县乡层级事权、财权的合理划分。横向政府间合作关系的产生需要基于一个必要前提，即地方政府具备自主性权利与个体性利益，但是长期以来这种合作需求的萌动受到纵向行政关系的极大限制。在现有行政科层体制下，下级政府对该行政区域公众特殊利益的需求反馈流程受到忽视，更大范围乃至全国整体的经济社会发展目标取代了地方合理诉求，致使地方政府一直疲于应对上级交付的行政事务；加之基层长期以来事权、财权配置极度不合理，而无力考量地方自主性发展，也就无法萌生出协同区域相关利益共同体的行政动力。故而在 20 世纪 50 年代，在社会主义建设和国家发展的理念构想中提出

---

[1] 《清会典·户部七·江西清吏司》。

要注意十大关系，而其中针对"中央和地方关系"●，特别提出应当在全国统一领导之下，注意地方特殊情况，发挥地方积极性，并提出要探索地方间、省市间利益矛盾的协调管理方式。这实则反映出纵向关系对横向关系影响的另一个结果，在上级政府对下级政府财力配置不足、利益关注不够情况之下，地方区域在纵向抗争无效或者无力时，往往采取的行动逻辑是与横向其他区域竞争来获取更大政策扶持或经济资源。因而，比较典型的范例就是我国市、县政府间长期存在的不协调关系——在中华人民共和国初始行政制度考量上，由于地方政府整体资源动员能力和经济管理水平的薄弱，而且农村区域过大，为了尽快实现国家现代化发展，对于相邻城镇和农村地区采取了"以城带乡"的管理模式，即以设置较高行政级别的城市来协调周边农村，事实上形成市管县的行政格局。但是在实际效果上，地级市政府会从本级和区位利益考虑截留附属县区政府的财政经费与扶持项目，致使基层财力匮乏，城乡经济社会差距日益扩大。这就使得县市分离改革在 20 世纪末本世纪初成为一股势不可当的行政浪潮，诸多较大的、城镇化水平较高的县独立出来改为市，而有的则虽未升格为市但财政上则划归省级直辖。特别是通过江浙地区的市县改革实践，证实了地方政府的合理赋权，尊重其个性化发展需求与利益，并顺势对纵向行政关系进行优化，都会极大地促进横向行政关系的良性改进，使得基层地方政府间合作与协调发展具备了可能性。

当然也需注意到，在当前横向行政关系优化趋向下地方政府间合作的产生也是经济环境和社会情势新变化的诱发结果。在全球化、城镇化、网络信息化的时代趋势下，生产资源的跨区域流动日趋频繁，产生了大量以跨区域、跨领域为特征的公共管理议题，使市场层面对资源要素和民众层面对公共服务的区域协同整合需求凸显，诸多现实中的行政事项绝非一城一地政府能够单独面对，需要地方政府在合作基础上提升对区域整体公共需求的及时回应。经济意义是地方政府间横向关系的主要意涵，体现与地方经济一体化水平的共生性效应。尤其是在我国改革开放以来，地方区域生产力水平得到显著发展，跨域行政区划的统一市场逐步形成和完善，经济基础的变革要求政府治理方式的制度

● 《论十大关系》，《人民日报》，1976 年 12 月 26 日，第 1 版。

变革，传统内向型区域管理这一基于地域基础上的"行政区行政"❶ 方式已经不能实现治理的回应性，亟须打破本位主义行政藩篱，建立跨区域的产业规划、经济调控、规制整合、管理协作、流程配合等行政运作机制，全面创新跨域治理行政实践的运作方式和主导内容。但是，多年来在区域间自然资源及空间区位条件差异造成的经济社会失衡也是一种客观存在，而地方政府横向关系的治理失范未能充分缩减这种差异；相反，1994 年"分税制"的实施使地方政府成为具有独立利益的行动主体，个体利益的获取促进了地区无序竞争加强和区域发展差异扩大。

综合来看，建立地方政府间合作机制的外在原因是经济社会发展的现实问题对行政体制改革的迫切要求，经济社会领域区域一体化的渐进完善与政治行政领域内向型辖区治理之间矛盾日益严重；内在成因是纵向行政关系的中事权、财权不匹配，与横向关系调整不同步。当前问题集中体现在既确认地方政府的自主性管理地位且具有个体性利益，并赋予其诸多层级职责，但又未明确其权利实现的保障途径，也未建立必要的横向协作制度来优化区域事务践履中的有效方式。为此，需要推进地方政府区域合作并构建其合作制度支持体系，以优化区域公共管理，必须通过地方政府区域治理合作来"健全区域协调互动机制"，发挥地方政府的自主参与性、统筹互动性，完善区域公共事务的共同治理，增强区域整体协作能力，协同跨域公共服务的均衡供给，提升区域社会管理绩效。

1.2　相关概念界定

1.2.1　地方政府

地方政府概念起源于欧美国家，由于其采取了较为规范与发达的地方自治制度，在"居民优先于国家"的思想观念基础上成立了地方自治政府（Local self – government）。这种在特定地理区域内行使治理权的制度或组织即地方政

---

❶　王健、鲍静、刘小康、王佃利：《"复合行政"的提出——解决当代中国区域经济一体化与行政区划冲突的新思路》，《中国行政管理》，2004 年第 3 期。

府，被视为中央政府与中间政府（州、省、地区）之下的最低一级的政府体系，或是中间政府的分支机构。亦有学者认为，地方政府是相对于中央政府之政府，是中央政府为了治理国家部分地区而设置的次一级地方政权机构。据此可以认为，地方政府是政府的一个层级，其法律地位低于中央政府。进一步论析其性质类别，地方政府可分为：第一，作为行政主体的地方政府，指由中央政府或上级政府任命产生的对某个国家主权范围内的单一地区行使治理权责的地方政府；第二，作为自治体的地方政府，指由当地居民民主选举产生的；第三，混合体的地方政府，指兼具前两类政府特点的地方政府。而无论是哪一种类的地方政府，都是政府为治理国家部分地区，或部分地区所实施的地方自治而设置的区域性政府，也都会在由中央政府和地方政府结合组成的国家整体行政体系之中形成纵向行政层级与横向行政关系。故而，就我国的行政实践来看，所称的地方政府主要是指基层区域行政组织，也就是中央、省（直辖市）、县市、乡镇四级中的最底层的两级，当然有时也会把省级政府涵括进来。特别是在涉及区域性公共治理的语境下，较多政策规制或者合作规划的情形也较为频繁地产生省际协同互动，例如京津冀创新改革试验区以及成渝经济区的协同发展问题。

1.2.2 地方政府合作与横向行政关系

地方政府合作，又可以称为跨域治理合作，指相邻的几个省或各个省的某一部分之间的合作。这种横向行政关系的构建既符合管理的基本原则，如在科学管理理论时期的著名管理思想家法约尔就认为有必要在管理组织运行的紧迫时期，由下级自发建立某种事先不需获得上级批准的横向管理流程，从而实现管理效率的极大提升和对管理对象更加迅速地及时响应。这种被称为"法约尔跳板"的管理规则可以被视为地方政府间横向合作关系的理论基石。而同时横向行政关系的构建也是回应现实的改革途径。当前，随着内向型行政治理对经济、社会发展的极大阻碍，也造成区域间发展的不均衡和恶性竞争，亟须打破行政区的界限，形成区域协调管理机制，定期召开会议来协调各方利益，以促进区域内资金、资源、劳动力、信息等要素的流动，形成区域内统一市场。

地方政府合作也被称为横向政府间关系，其本质就是一种横向协作性公共管理方式。在现代社会中传统的官僚体制已经不能再像以前一样高效、有力地解决问题，这主要是由于政府面临一种新的局面，公共事务出现了诸多"模糊边界"的问题。这些问题不能完全由某一个明确的行政主体独立应对，地方政府在决策时应该超越传统行政规划边界限制，合理利用不同区域优势，扬长避短，实现资源效益最大化的理性决策。

而现在网络技术和自媒体、大数据的技术发展，已然成为地方政府合作的催化剂，不同地区间政府和政府间各个部门联系更加方便和密切。现在，其关键就是完善政府间部门联合参与和协作的技术方式，使其在服务、决策、问责、评估等协作领域有深入的践履，更加贴合民众对跨域公共服务领域的需求。

1.2.3　协作性公共管理

协作性公共管理是在国内外区域公共治理实践中产生的一种新兴理论与话语，其核心思想在于认识到单个组织机构在面对复杂多变的组织管理环境中所面临的资源动员能力薄弱与协同运作效率低下的困境，并由此催生了一种多组织协作的公共管理模式。协作性公共管理的核心是合理构建组织间的协作关系，通过对多中心治理、网络化治理、跨部门协作等理论的涵括，最终实现基于共向性目标的多方参与合作。协作性公共管理的理论视角包括了政府各层级及公共部门和私营组织间的合作关系，虽然在具体运作中表现为纵向政府间合作、横向政府间合作、政府与社会组织合作的多类型组织间的关系，但是其对多主体参与合作关系的调适方式具有非常明确的共通性价值，尤其是对于横向地方政府间合作的形成与优化给予了明确的机制与路径的指向。

协作性公共管理的最终价值，就是通过区域协作以消除行政区划给地方发展带来的制度层面的阻滞，全面提高地区发展能力。地方经济版图在此过程中也遭遇了契机与危局，虽然历史渊源与资源条件导致了区域间产业水平参差不齐，但是通过制度供给以打破现有行政规制和利益分配格局的桎梏，超越行政区划的制约并实现资源整合与协同发展，探索出区域经济社会科学良性发展的新路径，并通过对经济协作为先导的组织间关系构建形成对分离化行政关系的全面改进。协作性公共管理中的组织结构和协作机制安排更是跨区域政府间合作的系统化实践模式，即通过有效组织间的信息沟通网络，凝聚信赖和共识，约束无序竞争导致的行为异化，形成相互协作增益的目标价值体系，建立跨越组织界限的合作平台与规范协作行动的政策规制，提高对区域共同问题及时应对的能力，增强跨域公共服务的能力。

1.2.4 跨域治理

跨域治理是一种新型地区政府战略管理模式。全球化、城镇化、信息化是它的时代背景，区域管理的实践和发展是它产生的基础。它要求在不同管辖权之中跨越行政区划的桎梏，在不同区域达成资源协调、风险共担、收益共享，实现规划与执行实施上的整合与协调。以往，地区治理以行政区划为边界，形成了内向型地方治理模式。然而，20 世纪 60 年代之后，各国政府增强了对社会经济事务的干预，现代区域间资本、物流、人力、信息等的交换加剧成为其催化剂，因而为提升管理效能，政府横向协作成为必然选择。核心城市发展与地方整合频繁又瓦解了地方边界。公共物品与服务越来越依靠形似 PPP 的公私协作模式提供。场域环境的变化需要地方治理加强政府横向协作，进而催生了跨域治理实践中三个维度的策略工具。

第一，协力经营型政府（Joined - up Government）。这是英国工党 1997 年执政时提出的政府改革的核心诉求。主要是基于碎片化的行政组织结构难以面对经济、劳动就业和社会福利等日益复杂化的公共议题必须在组织与部门间打破固有界限、增进合作互动，实现政府治理善治目标；在地方政府治理上也体现出这种跨部门间协力合作伙伴关系的整合趋向，由多重部门共同来提供区域公共服务。从实践运作来看，协力经营型政府有三大特征：

首先是去界化。在传统行政区划之下，行政主体权威性控制权的边界是以"界限"为依据的，即以界限主义的模式形成官僚制的治理传统。但由于政府的公共服务随着经济社会的发展逐渐满足不了社会需要，或是公共服务的生产产生了超越界限的外部溢出效应，导致界限内的控制权削弱，而跨域协作不断发展。

其次是整合性。部门壁垒与层级组织结构造成管理效率低下，而协力经营型治理能够以政策重叠为手段，协调整合区域之间、部门之间以及社会中介组织之间的资源，扬长避短，进而降低公共服务过程中的交易成本，并形成一种基于整体强化的目标体系与互惠沟通平台，达成共通性成果。

最后是软性治理。在协力经营治理的执行途径上"改变之重点，在于制造政策工具和使用政策工具的公民、利害关系人和公共行政人员之间，从原本的硬性的层级节制关系变成软性的利害相关人之互动关系"❶。自愿参与、民主协商、软性约束的协作性治理方式，有利于区域间面对政策决策时可良性互动进而形成共识性成果，最终更加积极主动地履行约定。

第二，政策网络理论（Policy Network）。这一理论倡导在政治、经济、社会、文化等多维议题的参与者之间构建起协力合作的行动网络，在其组成的政策网络架构中交换组织资源、恪守治理规则及共享联盟利益。从议题性质与趋向角度确立的"政策社群"和"议题网络"两条理论主轴来缕析，政府部门尤其是基层地方政府间本身也会援借政策网络的治理方式，并由于其政策宽泛和自身能力无法对接，基层区域中进行公私部门以及利益团体、社会中介的全局性合作成为必然，因而需要践行强调合作、赋能的跨域公共治理新模式。全局治理政策网络的特质凸显出政府间多方行为互动，组织间复杂网络互动，参与者责任共担、资源共享、效益共收五项特质。尤其是在公共服务供给与政策执行过程中，基层政府通过政策与协议制定合作以破除区域壁垒并最终解决问题。

第三，新区域主义。这是对跨域治理中政府实践行为的理论融合，它同时兼顾了传统改革主义的政府合并与公共选择理论的多元绩效竞争的有益观点，通过建构一种区域政府内"策略性伙伴关系"（Local Strategic Partnership）或者说是一种区域联盟整合机制，以形成多元化团体竞争与合作之复合关系，"为控管彼此间的行为、执行功能及提供全区的服务，所做的一种结合"❷。传统改革主义倡导建立综合性政府以替代小型机构型政府，然而其问题在于兼并成本，既要在程序上满足特别兼并法庭或者边界委员会对兼并提议的合规性审查，甚至需要立法上的特别法例来突破原有的许可性建制法，同时又要更需面

---

❶ Bingham L. B., T. Nabatchi, and R. O'Leary. *The New Governance: Practices and Processes for Stakeholder and Citizen Participation in the Work of Government*. Public Administration Review, Vol. 65, No. 5: 548.

❷ Norris, Donald F.. *Whither Metropolitan Governance?* Urban Affairs Review, 36 (4): 535.

对不同地区间"殊分主义"社会心理、宗教差异、种族区隔的突破，并由公民投票支持合并的现实。区域兼并程序往往难以实现，即使能够实现，在某些领域规模扩大的超支超越协同合并的节省和统筹区域公共事务对不同偏好民众满足度降低，也使地方政府整合的途径遭到反对与鄙弃。在捍卫原有的区域政府分散化组织形态思维下，公共选择理论提出将一个都会区划为数个都市中心来发展，强调区域政府间的竞争性，使其透过诱因的竞逐而产生合作，其着力点不在于法制上的调整，而在于使区域政府间产生一种多中心治理的良性竞争新制度。而民众基于类似市场配置的公共服务自由选择，也会引导地区间公共资源的再平衡，既可促进政府间关系的整合协调，也能使公众消费偏好得以满足，最终实现区域发展的帕累托优化。但需注意，这种强调自利的竞争关系模式受到经济规模对人口数量的限制，未必真正符合公民自由流动引发服务偏好选择的理论前提，还极可能回复到固有地方政府关系的紧张对立之中。而新区域主义的主张认为，在解决区域问题时，竞争与合作兼顾才能达到跨域治理的效果，应倡导地方政府间的对话与沟通机制，为营造区域治理提供策略条件。

1.3　项目研究总体设计

1.3.1　主要研究方法

项目研究的主要方法包括：

第一，理论研究与实证研究相结合，核心在实证研究。通过问卷调查、访谈、典型事件追踪等方法，广泛收集与课题有关的第一手材料，力图反映我国区域公共治理的现实景象和地方跨域治理中的合作机制治理态势，应城乡统筹、城镇化、环境生态对区域公共管理的共生性影响，增强研究效果的典型意义。

第二，规范分析与定量研究相结合。课题将对调研数据进行统计分析，包括相关分析和因子分析，以厘清对合作机制触发的多种相关因素，并试图对拟调研区域政府合作的实际效果进行数量评价。

1.3.2　技术路线

项目研究的技术路线见图 1 -1。

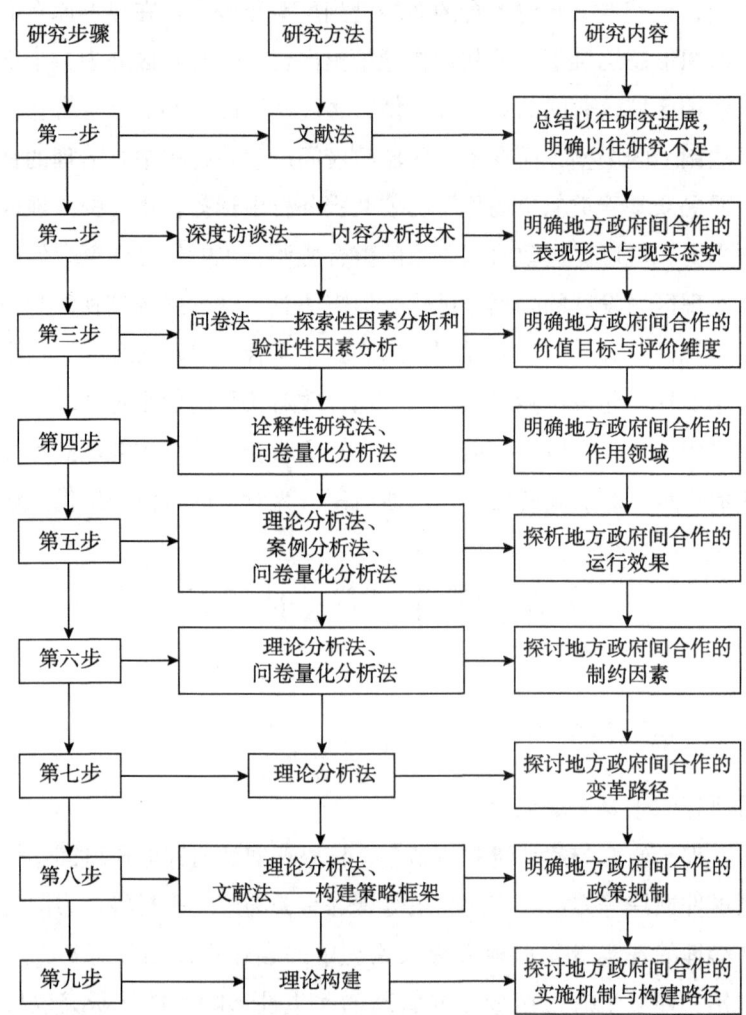

图 1 -1　项目研究的技术路线

第二章 理论梳理：国内外地方政府跨域治理合作的研究回顾

2.1 国外相关理论概析

西方学者对地方政府间合作抑或横向行政关系的研究主要基于三个重要维度：其一是从经济学视角，主要是新兴经济学流派在区域发展过程中对经济社会问题的思考，地方政府以及其他社会组织如何参与调控协作并发挥应有功能作用的理论对策；其二是从政治学视角，体现了传统政治学领域关注纵向宪政规范与结构的偏好转向，更多着力进行府际关系与区域公共治理的研究；其三是从行政管理学视角，着重分析地方政府合作中的行政行为问题，涵括了竞合机理、动态运作以及规范模式等。

2.1.1 经济学视角的研究

对区域经济社会发展中政府合作问题的研究缘起应当是区域经济学的先导性研究。区域经济学理论中的一条重要学术脉络是区位理论，即从微观角度将地理空间这一变量接入经济分析模型中，从而对经济主体所具有的区域优势跨区域聚集和扩散行为进行理论解释。19 世纪初期，古典区位理论的代表人物德国经济学者约翰·冯·杜能（J. H. von Tunnen）就探究了基于不同区域的地租差异而造成农业分带的现象，形成了最早的农业区位理论，这就使区域空间关系与人类行为选择之间构建起了重要的逻辑联系。其后，龙哈德（W. Launhardt）、韦伯（A. Weber）、克里斯塔勒（W. Christaller）等人进一步将区位理论扩展到工业、贸易、市场等诸多领域，动态化、综合化地研究了多产业情势下区域经济要素对经济集中和均衡的实际影响。事实上，这也成了现代区域规划决策及区域布局优化的理论基础。20世纪后半期，区位理论的发展更加完备，如戈林·赫特（Green Hut）从行动主体的因素论证了其在区位选择中的作用，麻斯（Massev D.）也从组织结构的因素说明了其对区域经济的影响。这就使得区域发展需要更多考虑经济主体之间的相互作用与效应。而阿德尔和克鲁格曼等学者则促进形成了"新经济地理学"及"新区域经济学"的新理论领域，主要是基于区域经济一体化产生规模报酬递增，也会在聚集经济条件下形成区位竞争中的不完全性、垄断性的问题。这实际上就启发了从区域政策调控角度化解这一问题的研究思路，为后续各派理论对此研究奠定了良好的理论基础。

增长发展理论是区域经济学的另一线索，包括诸多理论和著述。艾尔伯特·赫希曼（Hirschman）在《经济发展战略》中提出了不平衡增长论，区域经济社会发展由此产生了"极化效应"和"涓滴效应"，进而需要通过区域经济协同合作加以有效应对。对此，弗里德曼提出了"中心外围论"，指导区域发展政策的制定，指出经济系统空间结构划分为中心和外围，随着政府政策干预，中心和外围界限会逐渐消失并逐步实现一体化。但是这种理论观点也存在较多的学术争论，在其后的理论发展中，诸如弗农等人为代表的区域经济梯度推移理论与以威廉姆逊为代表的倒"U"形理论，从一方面认识到区域经济乃至社会发展水平之间的不平衡性、差异性，另一方面也力图从历史数据与数量模型去探寻区位经济发展差异的动因，从而促进区域间发展能力、资源技术等实现梯度转移。但是，这些理论也都认识到推进这种一体化发展的现实阻滞，人口基数、历史传统以及资源条件相对集中会实质上造成区域非均衡发展，新经济地理理论甚至认为这在本质上是不可避免的区域发展历史轨迹；与这种促成区域经济社会发展聚集力相对的因素是分散力，特别是企业规模化发展后形成的外溢性以及伴随交通运输促进的区域间的成本效益再平衡效果，当然公共政策也会极大地促成从极化到均衡的实际后果。

将政府尤其是地方政府在区域经济发展中的角色和作用进行论述则是发展经济学的重要研究领域。发展经济学首先继承了对古典区域发展理论的重要判断。按照古典理论的经济假定，资本、劳动力与技术这三大要素在不同地区的非均衡配置实际上会产生不同的边际生产力并影响要素投入的经济效益与发展收益。在完全竞争市场条件下，经济规律自发运作而形成再均衡的区域状态，这就完全依赖相当长的历史变迁与资源要素的不断积累。但是，这种进程往往会受外在的政治、社会环境失衡的阻断从而无法实现。为了解决失衡协调的问题，保罗·罗森斯坦·罗丹提出"大推进"模型理论，其核心是外部经济效应。他认为，"相互创造市场，解决市场需求不足的问题，可以通过对互补行业或部门的同步投资来实现。"❶ 但这种模型推进中的实际经验引发了一个重要启示，单纯由市场或者企业来进行"大推进"协调是极其低效的，必须集中所有的政府政策来解决组织间公共协调问题，建立明确的合作行为规范来消除机会主义者的掠夺型合作行为及伺机行动，消除彼此合作发生时优势主体对于低效优势带来的合作成本考量。发展经济学视域下的区域均衡合作观点也否定了政府直接生产方式对这一困境的解决，不仅是由于不可接受的成本原因，更多是由于政府将重公平而轻效率，因而建立公共企业间接实现政府促进区域平衡是可行之策。在发展经济学中存在另外一种对地区间发展失衡的思考就是不平衡增长战略，如辛格（H. Singer）就坚持认为区域发展过程非均衡性质，并提出贸然实现区域均衡发展也必然只能采取不均衡的区域经济发展策略。赫希曼具体提出了区域间不均衡发展的两点思路："一是政府直接或间接地投资于直接生产活动。二是重点投资于社会固定资本。"❷ 发展经济学理论中对于区域间发展并没有提出绝对化的观点主张，不均衡的区域社会经济状态是一种现实存在，从长期看不均衡的地区差异是不利于一个国家经济的可持续增长的，应当促进区域之间长期协调关系机制的逐步实现，但从经济现实考量尤其是发展中国家的实际情况，以不平衡增长模式来产生更高级区域经济发展阶段的平衡则是一种重要经济策略手段。在此过程中，政府的经济管理方式与行为则必须受到重视，无论是均衡发展战略还是非均衡战略都认为政府应当使用积极主动的区域公共政策来逐步走出区域协调失灵的困境，但毫无疑问，发展经济学政府行为及区域发展理论的诸多主张和凯恩斯政府干预理论保持了相当大

❶ 张鹏、丘萍：《我国区域间经济溢出效应评价及机制研究》，中国社会科学出版社，2012年，第26页。

❷ 李桂娥主编：《发展经济学》，武汉大学出版社，2013年，第219页。

的距离，更多提倡政府和市场有效结合来应对区域发展的阶段性问题。

在促进区域经济社会协同发展中，政府需要建立区域合作的制度规制作为管理与行为的保障。这种理论思考则更多体现在新制度经济学的论述之中，力图克服市场自身资源配置的失灵、解决区域多主体间利益协调的问题以及消除其他影响经济合作的障碍。虽然新制度经济学的研究视角较多偏重于市场体系与组织行为中的资源配置效率、产权安排方式等问题，但毫无疑问新制度经济学这种更加注意整体主义的方法论对于研究由多主体、多行业、多部门构成的区域经济社会问题是极具工具价值的。威廉姆森（Williamson）就认为各类组织行为的重要考量因素是费用问题，应当注意"节约交易过程中的成本，减少交易过程中的不确定性，增加行为结果的可预测性"[1] 来促进合作行为，其中包括起草谈判保证落实的某种协议的事前费用和交易发生之后所付的各种事后费用。科斯（Ronald Coase）等人进一步提出交易费用与产权安排紧密关联，"在确定交易双方在交易中的行为准则及具体行为规范的同时，产权制度的安排形式、具体结构和内容也促使交易各方必须提高资源配置的效率"[2]。新制度经济学进而提出通过制度变迁来实践一种效率更高而成本更低的组织管理方式，促成组织间的交易行为更加顺畅，例如"内部化组织"（Internalization）被视为减少市场运行中的机会主义从而降低资产专有性议价成本的重要途径；另一方面，制度变迁要达到对信息不对称的有效逆转，减少区域合作中的交易风险，斯蒂格利茨（Joseph E. Stiglitz）就认为政府的作为就在于减少信息造成的扭曲，并实现信息优势方传递信息以实现弥补自身成本和获益。

同时，西方学术研究中如博弈论等理论也对区域政府间合作有重要启示，纳什（John Nash）认为要实现合作性博弈的重要条件是组织或者参与者彼此之间能够形成均衡关系，相互交流，参与协商并达成协议，协调行动，这种博弈联盟必须是对各种利益的充分回应。进而通过数量模型构建描绘合作形态，既要形成合作剩余，通过某种方式进行合作实现的总价值大于各自分别行动实现的价值之和，这是组织合作得以持续的重要基础和保证，也要努力优化利益分配中的合理方案，使合作组织全体能够接受合作剩余的分配，价值在组织间

---

[1] 贺卫、伍山林主编：《制度经济学》，机械工业出版社，2003年，第61页。

[2] 胡晓鹏编著：《微观经济学：理论拓展与应用》，上海社会科学院出版社，2013年，第333页。

转移的"旁支付"成本尽可能处于极低水平。当然，博弈论非常重要的一个理论观点是要求通过博弈建立一种信赖关系，彼此间基于熟悉程度的累积逐步抵消合作伙伴的投机套利行为和避免因为对合作结果不确定感导致的"囚徒困境"，而凭借过往合作经验产生了可资信任与相互依赖的关系，从而降低组织间合作的交易成本和双方的沟通成本。

2.1.2　政治学视角的研究

在西方政治学的理论体系中，政府间关系或府际关系（Intergoverman Relations，IGR）是一个重要的基础性概念，最早是由学者克莱德·F. 斯奈德在其对美国基层乡镇政府的论著中明确了"府际关系"这一名词。府际关系这一术语在某种程度上最初往往被视为与联邦主义具有相同含义，即"一项公共政策常常涉及资金来源和各级政府官员的相互作用，公共行政领域称此为政府间的关系"❶。20世纪40~50年代，这一概念在美国政治学理论与实践中得到普遍使用，一方面既包括了联邦制政治体制之下的联邦与州、州与地方之间的关系；另一方面也包括了州政府之间、地方政府之间的关系。为此，1953年美国设立了"府际关系临时委员会"这一国会常设机构以协调政府间关系协调与行政运作。"美国学者安德森提出了'政府间关系'这一概念，认为府际关系是指'各类和各级政府机构的一系列重要活动，以及它们之间的相互作用'。"❷ 可见，府际关系既涉及了横向政府层级间关系，也涉及纵向政府主体间关系，包含了较为宽广的涵括范围；其表现内容也多维复合，包括"财政援助、报告要求、技术援助、审查和调查、咨询以及对各种工作的一般监督和批准，形成的各种关系"❸，体现了不同级别和地域的政府组织间为实现主体利益的权力关系、财政关系和公共行政关系的实践运行与政策互动。

20世纪90年代，新的治理技术与策略以及西方国家普遍兴起的新公共管理浪潮影响着府际关系理论的发展脉络，府际管理（Intergovermental Management，IGM）作为指导建构政府间关系新型治理模式的理论得到普遍重视。府

---

❶　尼古拉斯·亨利：《公共行政与公共事务》，项龙译，华夏出版社，2002年，第346页。

❷　陶希东：《中国跨国区域管理：理论与实践探索》，上海社会科学院出版社，2010年，第54页。

❸　费广胜：《经济区域化背景下地方政府横向关系研究：基于竞争与合作并存的角度》，中国经济出版社，2013年，第35页。

际管理理论相对于府际关系理论，关注重心从关注宪政规范转向治理流程，研究方向从静态体制偏向动态执行。基于区域经济社会的发展，任何国家都需要建立多元化的政府存在格局。府际管理理论着重于"多方治理模式"下的府际关系调整，是通过多主体间沟通协调机制来实现区域公共产品与服务的多元化供给。加拿大著名政治学教授戴维·卡梅伦认为："'多方治理'的政府间活动在管辖权之间的界限逐渐模糊。"❶府际管理还体现了跨域管理整体性治理的特征，其强调的既是跨越地域也可以是跨越部门的政府内部机构间的统筹协调，打破原有层级化、官僚化、碎片化的组织壁垒与运作桎梏，由多元利益相关方来进行策略性合作执行。

在国外尤其是英美国家区域治理理论的研究中，基于府际关系及府际管理理念之上的政府合作具有运作层面的理论探索，更体现出多角度特点，诸如财政联邦主义、网络治理理论等，但也体现出一条清晰的结构—功能主义的研究脉络。首先，对于地方政府治理制度结构的设计，肇始于哈耶克新自由主义的思想，认为政府决策会受到社会知识的密切影响，由于社会知识具有分散和不完全性，分散的地方治理显然更加适合于提供更加符合地方公众偏好的公共服务。而在《自由秩序原理（下）》一书中其对由此形成的地方政府竞争抱有肯定立场，认为正是由于地方竞争会形成差异性的政策试验，从而对于公众在具有选择性迁徙权利的情势之下确保自由发展所具有的大多数优点。这就为地方竞争基础上形成的联邦主义的国家制度奠定了理论基础，地方政府竞争有助于国家治理整体福利水平最优化，并得到进一步模型分析的证实。蒂布特在《地方支出的纯理论》中分析指出，地区居民行使对公共物品品质的自由选择权，"用脚投票"促使"地方政府为了吸引到更多的流动性资源而在公共物品提供领域展开竞争，从而使辖区资源配置可以达到帕累托最优状态"❷。对于采用财政联邦主义的地方分权竞争治理结构也有西方学者提出争议，主要涵括了地方政府竞争无序化引发的诸多问题，包括"避邻政治、财政竞争"❸ "公

---

❶ 戴维·卡梅伦：《政府间关系的几种结构》，《国外社会科学》2002 年第 1 期。

❷ Tiebout. *A Pure Theory of Local Expenditures*. Journal of Political Economy（64），1956，pp. 423.

❸ Michael Keen and Maurice Marchand. *Fiscal Competition and the Pattern of Public Spending*. Journal of Public Economics，Vol. 66，No. 1，1997，pp. 33 – 53.

共服务隐性低效化"❶ "外部负效应区域转嫁"❷ 等。对此，基于地方政府关系的有序协调及消弭破坏性竞争对治理结构的影响，针对性地提出两种功能优化的理论路径。其一是新区域主义理论。新区域主义是针对 20 世纪 90 年代兴起于国际化背景下的区域合作新发展思想流派，最先由诺曼·帕尔默（Norman Palmer）在《亚太地区的新区域主义》一书中提出"新区域主义"的概念，是"一种区域合作理论及其实践的总称"。新区域主义与旧区域主义在强调区域合作、共赢层面上具有一致倾向，鼓励区域组织内部的合作与区域整合，但新区域主义倡导开放性、包容性来应对区域合作问题，不同意对外封闭的旧区域主义的保守观点，认为区域治理性问题应当综合竞争与协作两种手段。并且新区域主义提出区域合作可划分为不同层次，除了跨国区域合作的高级层次外，尤其对处于低层级的国内区域合作给予了极大重视。"❸ Elandern I. 认为，"新区域主义的核心价值目标强调地方政府之间共同理念与战略性目标的合作，通过区域间伙伴关系的构建，采用区域政府联盟方式资源共享、责任分担，进行协调运作。"❹ 从实际运作上看，新区域主义的政策主张无疑可以通过降低区域壁垒以及调和规制差异从而引发交易成本的降低、实现制度创新的收益，这一点从欧盟、东盟和北美自贸区等组织化、条约化的国家区域间政府合作中可以得到明确的结论，但新区域主义在国家内部合作效果的研究尚不完备，缺乏明确的理论梳理。同时，新区域主义力图解决资源有限和空间约束条件下政府协同行为的优化路径，但也缺乏政府间合作治理形式的具体安排，特别是没有跨域组织制度形式和与利益互动网络建构的系统化操作指向。

其次是广域行政理论。广域行政也被称为地方公共团体相互间关系理论，是随着城市或者城市圈的现代化发展，辖区面积规模不断扩大、人口产业日益集中所产生的核心区域与"连带地区"的协调性困境，提出应当采用一种更具弹性、与此适应的政治体制来加以应对。日本学者矶村英一、盐野宏等都对

---

❶　费广胜：《经济区域化背景下地方政府横向关系研究：基于竞争与合作并存的角度》，中国经济出版社，2013 年，第 41 页。

❷　Roger H. Gordon. *An Optimal Taxation Approach Io Fiscal Federalism*. The Quarterly Journal of Economics. Vol. 98，No，4（Nov.，1983），pp. 567 – 586.

❸　郑长德、钟海燕主编：《现代西方城市经济理论》，经济日报出版社，2007 年，第 223 页。

❹　Elander, Ingemar1. *Partnerships and urban governance*. International Social Science Journal, 2002, Vol. 54：191 – 204.

广域行政进行了较为充分的研究，其理论观点主要倡导"跨越几个地方行政辖区，为了解决区域性公共问题，通常采用邻近地区合并、建立单一特别事业区、府际协调、府际联盟、府际委员会、共同计划、府际协议、都会联盟、越区管辖等管理体制"❶。如其代表牛山久仁彦（2003）就在《广域行政と自治体经营》一书中提出创建覆盖相邻市县的都会政府计划，直接整合资源、合并区域。广域行政从治理缘起来看既是对城市发展的现实因应，又是对固有城市圈行政或者行政区行政的扬弃，其主要目的还是希望通过跨越原有政治体制以及地方行政结构安排，使得诸如以生态保护、卫生医疗、产业规划和基础教育等区域事务和公共职能为对象，由包括两个或以上的地方公共团体联合体来共同处理，从而有效化解城市圈层扩大之后造成的地方政府间的协调困难。从日本、加拿大、美国广域行政实践的理论研究来看，其治理方式被概括为三种形式，即"事务委托""部分事务联合"❷"町村合并"。日本《地方自治法》第252条之十四就规定了"根据协议规定、签订章程将普通地方公共团体的事务的一部分委托其他的普通地方公共团体、相关其他普通地方公共团体的相同或相关委员会管理及执行"❸。此外，美国、加拿大的一些州也通过宪法或者法规允许组成"区域政府"的治理形式，要么通过居民完全自治来联合相邻区域组成自治综合体，选举管理官员负责区域规划和政策制订，如俄勒冈州的Metro；或者像加拿大的城市，它们之间更多是通过原有的市政理事会选派代表参与组成区域协作组织，负责统筹协调区域共同事务。所不同的是，前者美国的区域治理组织更为成熟和独立，俨然成为一种完全的行政实体，而加拿大则更类似一种政策规划机构和协调议事组织，还是需要依赖原有行政机构来落实治理事项。区域的直接合并是最直接、最彻底的一种区域公共治理途径，但现实的困境一方面来源于增大管理幅度有时也无法回避原有利益纠葛从外部转移到内部，当无法通过制度创新与系统统合加以消解时，甚至可能直接走向区域治理价值导向的反面——促发组织结构的解体；与此同时，区域居民的归属

---

❶ 欧信宏等：《府际关系：政府互动学》，台北"国立"空中大学印行，2004年，第203页。

❷ 周本顺：《巨城主导论：城镇结构整合战略研究》，湖南人民出版社，2004年，第242页。

❸ "普通地方公共团体は、協議により規約を定め、普通地方公共団体の事務の一部を、他の普通地方公共団体に委託して、当該他の普通地方公共団体の長又は同種の委員会若しくは委員をして管理し及び執行させることができる"，参见：http：//law．e-gov．go．jp/htmldata/S22/S22HO067．html．

认同也会造成区域合并的实质性困难，导致合并的政治流程趋于失败。"合并型的区域'巨人政府'还可能带来政府机构臃肿"❶，从而现实中通过合并的形式更多是着眼较小的相邻市镇或者城乡区域。美国学者汉密尔顿（David K. Hamilton）称其为集权式的治理模式，这其实也就是广域行政中较为灵活、颇具弹性的前两种形式。从治理机制上分析广域行政的实施路径则更加易于发现其可以分为三大层次，包括决策层、协作层和执行层。以日本为例，首先是"按照地方自治法设立的地方公共团体"❷对涉及区域合作事项进行决策，并由此成立具有公法人资格的地方公共团体联合体，或者更具灵活性但不具有法人资格的协议会来对共同管理和协调事务进行联系和规划，最终交由地方开发事业团来负责具体执行。当然，譬如前述美国，其在地方治理实践中将三大层次统合得更为紧密，直接成为某种形式上的区域都市政府，或者就是区域合并。

2.1.3　行政管理学视角的研究

锦标赛理论最先是由拉兹尔等人提出，其主要的思想在于运用经济学理性经济人的传统假定，肯定人或者组织具有纯粹的自利偏好，从而在企业经营环境背景之下研究管理者与员工的委托—代理关系，即管理者对于员工的努力并不能直接观察得到，进而直接根据业绩排名赋予差异化报酬将会促进员工的努力，并且在环境不确定条件下更易于让委托人识别其努力程度，在代理人面对共同产出条件和业绩相关关系的理论条件下，减低识别中的风险和成本，使激励机制更为有效。随后，这种基础模型被加以更多的后续研究，研究对象从个体层面拓展到团体层面，如 Harbring 等对锦标赛规模、奖金额度和结构问题进行研究，这就从制度设计层面对组织成员行为倾向做出了机制性约束，并使得这种研究的论点得以普遍应用于对行政组织的验证上。就行政学的视角来看，

---

❶　陈瑞莲、刘亚平等：《区域治理研究：国际比较的视角》，中央编译出版社，2013 年，第 183 页。

❷　日本行政法概念，日本行政主体之一，是指直接依据宪法享有自治权、独立于国家的地域性统治团体。地方公共团体又分为普通公共团体（都、道、府、县及市、町、村）和特别地方公共团体（特别区、地方公共团体组合、财产区及地方开发事业团）。参见：https：//ja. wikipedia. org/wiki/地方自治法。

锦标赛理论对于研究区域行政组织间关系，包括行政组织领导人行为的判定上，有几个方面的主要观点与启示。第一，这种竞争机制具有优越性，在无法明确判定行政组织与领导者个体努力程度时，比较相对业绩并给予扩大性差异报酬是较优的制度选择，既降低行政组织绩效评价的识别成本与风险，又通过奖优罚劣来促进整体性努力水平，这无疑符合行政效率最大化的价值导向。第二，由于锦标赛竞争机制奖励的是相对绩效占优的个人及组织，并且只有这种相对差距较大的报酬才会产生激励的明显效果，所以也会产生明显的"排挤效应"❶与保守倾向。Gneezy、Rustichini（2000a、2000b）研究表明锦标赛机制相对报酬过高的差距会导致整体产出降低的结果，与理论预期存在较大偏差，虽然其原因的内在机理尚待明晰，但实际后果是客观存在的，诸如美国城市化进程中也多发由于弱势地区在税源竞争中存在能力的相对弱势而致使区域差距进一步扩大的现实问题。在弱势组织或个人在锦标赛机制中被排挤之外，优势的组织或个人在能力不对称的竞争中，进而倾向于选择低风险的竞争策略，无疑这种保守倾向的行为模式是不利于区域整体协调和对弱势帮扶的，实际上这也是造成区域极差增大的缘起。第三，正是基于锦标赛机制的有效性和危害性并存，双刃剑的后果要求在使用这种行政绩效和地方发展考量中，务必对这一机制进行制度性改进，以约束不同组织和人员因为激励制度在个体效用上差异而发生的行为异化，譬如组织间非合作行为或者恶性过度竞争的出现，从而保证整体效益的有效增进，避免负面效果对组织损害的发生。

竞合（CO—competition）理论是一种从行政组织动态行为角度研究区域行政组织间关系的理论思想，最早由耶鲁大学拜瑞·内勒巴夫（B. J. Nalebuff）和哈佛大学的亚当·布兰顿伯格（A. M. Brandenburger）提出，1996 年在代表作《合作竞争》一书提出组织竞合模型，通过对博弈理论工具和波特钻石模型的应用，他们引入了组织竞争过程中互补者对整体价值链的有益贡献，从而得出竞争与合作并存的观点；并进一步强调必须克服零和博弈的对抗性竞争，组织在制定行动战略中必须注意到互动性与互补性，通过动态调整与竞争组织的关系适时确立战略联盟以形成合作竞争的状态，形成多赢互赢的资源共享、风险共担的利益格局。爱德华·德波诺（Edward de Bono）则"提出超越竞争

---

❶ 闫威：《锦标赛机制与代理人行为研究》，经济管理出版社，2014 年，第 10 页。

的思想，即引领竞争，而不是适应竞争"❶。在进一步针对组织间关系结构的研究中，意大利学者迪格里尼和布杜拉提出了组织间共同创造价值的"竞合优势"概念，这种竞合分析方法不仅适用于经济组织市场竞争过程中，也普遍被延伸到对政治性组织以及区域城市之间的互动关系研究上。实质上，竞合理论的思想核心在于，认为竞合是介于对抗倾向和协同倾向之间的一种组织间常态性状况，这是由组织之间利益和目标的不完全一致性所决定的，也就是需要对矛盾冲突进行调和来追求尽可能一致的利益以期获得最大的合作剩余，来扩大共同的竞合优势。竞合态势的维系需要有效的分工和合作以创造更大的价值，但毕竟利益分歧也是客观存在，这种暂时的均衡状态客观上来看是脆弱的，需要利益分配机制事前明确，也就是需要让每一个合作参与者对自身获得利益有有效感知，以及其他参与者可能采取行为的明晰认识，以达到管控分歧的结果；同时，事后需要把合作的正向效益加以常态稳定化，亦即是确立组织间信任关系的有效形成，进而建立互信基础使长期共同价值的创造取代短期不得而为的妥协，最终实现对组织间竞合规则的价值认同。

2.2　国内相关理论概析

在国内，对地方政府合作机制的研究肇始于 20 世纪 90 年代，伴随着探讨政府（中央与地方、地方与地方）及其权力关系而展开，呈现三种研究取向，即经济取向、法律取向与行政取向。

2.2.1　经济取向的理论研究

辛向阳（1995）、沈立人（1998）等揭示了传统行政体制"条块分割"引发的深层问题，开辟了经济取向的研究，包括财税制度改革后地方政府合作能力（胡鞍钢，1997、张可云，2001）、地方政府合作交易费用（毛寿龙，1996）。近几年高培勇（2005）、谢伏瞻（2006）等探索地方间合作中的转移支付与财力补偿措施等影响区域治理的现实性问题。进一步从研究的具体问题

---

❶　相丽玲：《我国区域知识竞争力研究》，北京邮电大学出版社，2012 年，第 63 页。

以及理论观点的梳理来看,有如下研究视角。

首先是市场经济体制与国家宏观调控机制的配合性问题。自20世纪70年代末开始,中国进行了持续而深入的市场经济体制改革,特别是中共"十四大"明确提出以建立社会主义市场经济制度为发展目标。社会主义市场经济强调以效率为先导兼顾公平,因此在国家宏观经济调控上,中央扩大了对地方政府的自主权,最为明显的是财税制度上从20世纪80年代初期试行"分灶吃饭"到1988年试行地方财政综合大包干体制,无疑极大调动地方政府的经济自主调控能力和对本地经济投入的资源动员效率,有效促进了地方经济的发展,但是较为明显的弊端也引起学术界高度关注,如宋新中(1992)对中国财政体制改革的研究中就指出地方政府权力的扩大反过来导致中央权力弱化,危及中央的权威和削弱国家整体宏观调控能力。并由此诱发了地方政府之间经济管理行为的极大异化,由于地方税源对于本级政府具有重要的财政经济价值和政治考评贡献,无论是经济体制改革中对国有企业管理权限的下放还是地方财权的扩大,最终出现的结果是辛向阳(1996)描述的"诸侯经济"现象——"地方政府在权力下放过程中形成了自身的既得利益,并以这种既得利益为中心建立辖区内的'统一小市场',并用行政权力树起市场壁垒,其结果便是形成分割的地方市场"❶。为了本地经济利益盲目扩大产能、重复建设,并在整体产业链条上进行"原料大战""产品大战""政策大战",其"深层次原因是各级政府对地区利益的片面追求"❷。对此,从经济学角度,学者吴敬琏、周小川等(1988)都认为必须重新强化中央政府对国民经济调控的权威性和对单一制国家体制下行政资源的配置能力,提出实行分税制及强化中央银行货币职能的政策建议,也即是在国家区域经济管理制度上以财税制度为核心,以货币政策为辅助,重新调整各级政府之间的政经关系。

需指出的是,1992年分税制改革全面推开后,学术界对于嵌入央地、地方政府之间利益博弈与协同互动中的国家宏观调控机制问题的关注并未停止,而且对于演化出的新型区域发展问题产生极大关注,其焦点仍旧是如何发挥市场机制对资源配置的主导性作用与充分调动各级政府引导经济发展相配合。在

---

❶ 辛向阳:《百年博弈——中国中央与地方关系100年》,山东人民出版社,2000年,293页。

❷ 胡荣涛等:《产业结构与地区利益分析》,经济管理出版社,2001年,第89页。

国民经济实际运行中，余小平等学者（1996）发现分税制实施以来地方政府通过预算外收入"寻租"现象突出，弱势地方政府获得正规途径转移支付资金不足以弥补财政缺口，转而极大地通过土地出让等形式获得财力，"经营城市理念异化为提升土地溢价的手段，造成政府职能错位与盲目无序发展"❶。这也进一步诱发了地方政府之间"同质竞争"❷与低水平重复建设，恶化了地方政府之间的横向互动关系，使得区域差距呈现增大趋势。

其次是区域经济竞争与区域公共物品供给的互动性问题。区域经济竞争以及伴随的地方政府间竞争的深层原因是经济分权，也就是政治制度、财税体制等行政运作规则对基层政府赋予的自主性权力。张维迎等认为区域间竞争的主导性原因是 20 世纪 80 年代以来的中央对地方放权。区域经济竞争的本质体现了地方政府之间的竞争关系。"'政府竞争'主要表现为纵向和横向竞争，纵向体现在中央政府与地方政府间的竞争，横向是地方政府之间的竞争。"❸周业安（2003）把地方政府在竞争中的行为分为三类，认为"进取型的竞争方式有利于经济的增长，而保护型和掠夺型的竞争方式会导致地区间的恶性竞争"❶。分税制与地方恶性竞争造成的区域间事权、财权配比差距明显，弱势地区更愿意优先将有限财力投入基础建设以拉动地方经济发展，"地区之间的财政能力差距与支出偏好的异质性共同导致了区域公共服务的供给差距"❺。其后果表现为区域经济极差增大、公共服务差距加大，"政府一旦由于财政收入的减少而不能达到至少维持既有水平的公共服务，'用脚投票'的居民就可以选择搬迁"❻。同时，在有些相邻区域公众也会基于公共服务外溢性特点而通过"搭便车"的形式享受发达区域的优质公共服务。公共服务非均等化造成的问题是明显的，但从一定角度看也为区域及地方政府间协作创造了初始动

---

❶ 牛晓健：《论我国当前"经营城市"中存在的误区及其治理》，复印报刊资料《城市经济、区域经济》，2003 年第 8 期。

❷ 刘士林、刘新静主编：《中国城市群发展指数报告 2013》，社会科学文献出版社，2013 年，第 80 页。

❸ 徐斌：《财政联邦主义理论与地方政府竞争：一个综述》，《当代财经》，2003 年第 12 期。

❶ 周业安：《地方政府竞争与经济增长》，《中国人民大学学报》，2003 年第 1 期。

❺ 官永彬：《财政分权、地方政府竞争与区域基本公共服务差距》，《重庆师范大学学报（哲学社会科学版）》，2014 年，第 2 期。

❻ 张波：《中国城市化与区域可持续发展研究：中国城市成长管理研究》，新华出版社，2004 年，第 36 页。

力，即通过深化区域协作和管理一体化机制来化解各区域政府公共服务承载能力的相对不足，"利用分项承载力的各自优势，进行优势互补"❶。有些学者提出上级政府来促进地方政府之间的合作是一种优化区域竞争行为与均衡区域公共服务供给的路径，"一种可行的途径是在下级政府了解公共服务需求并制订计划的基础上，由上级政府统一调配各地区公共服务的供给，平衡公共服务设施的空间分布，并且协调各地区合理分摊公共服务外溢性带来的成本和收益"❷。另一种则是完全依靠地方政府互动机制与市场机制的有效结合，来推动公共服务在区域之间的均等化水平，"政府之间自行选定的旨在推进共同发展的双方与多方合作项目，其建设与运营模式都必须走市场化道路，将市场机制引入到公共产品与公共服务的提供过程之中，以竞争来促进合作与发展"❸。

再次是区域经济增长与区域统一市场建构的统筹性问题。区域经济增长是某个空间区域内一个时期生产创造总财富的增加，在我国改革开放以来如何促进区域经济发展始终是区域经济学与发展经济学关注的热点问题，其主要涉及区域经济增长要素研究❹、宏微观经济政策体系研究❺等。在我国，由于地域经济发展的水平差异与优先发展的战略导向，对于区域经济发展地区间的差距原因及应对措施也受到学术界高度重视，有的学者在新古典均衡假说框架下研究认为，"各国或一国内不同区域之间的差距会缩小，区域经济增长往地域空间上趋同，呈收敛之势。"❻但其前提条件在于自由流动的生产要素与开放统一的区域市场。但在我国，现实情况则更加契合经济增长极理论，"经济增长通常是从一个或数个增长中心逐步向其他部门或地区传导"❼。因此，多数学

❶ 文魁、祝尔娟等：《京津冀发展报告（2013）：承载力测试与对策》，社会科学文献出版社，2013 年，第 323 页。

❷ 陈广汉、王翔、秦武等：《珠三角区域一体化与协调发展研究》，广东人民出版社，2013 年，第 232 页。

❸ 唐亚林：《从行政分割到区域善治：长江三角洲区域政府合作模式的创新》，《政治与法律》，2008 年第 12 期。

❹ 栾贵勤、何操主编：《区域经济概论》，百家出版社，2002 年，第 76 页。

❺ 李含琳：《多极突破与区域经济增长》，甘肃人民出版社，2014 年，第 28 页。

❻ 卢颖、胡春涛、白钦先：《中国金融资源地区分布差异性研究》，中国金融出版社，2014 年，第 47 页。

❼ 孙根紧：《中国西部地区自我发展能力及其构建研究》，西南财经大学出版社，2014 年，第 132 页。

者认为，一方面充分利用市场机制的自发性特点，引导优势地区产业资源通过辐射效应逐步进行产业结构的转移和调整，而另一方面地方政府需要在区域统一市场建构中发挥功能性作用，如加强基础设施的公共投资、实施正确的产业政策、培育公平竞争的市场环境等措施来为区域平衡发展创造条件。陈剩、马斌（2004）就认为区域政府合作是区域经济一体化的现实路径选择，需要进行市场竞争规则的统一与协调。而区域统一市场的建构本质上也是区域政府间共赢的利益分配机制逐步形成的过程，"统一市场本身就是在经济发展过程中成员国之间的讨价还价过程，在这个过程中，各方都为自己争取最大的利益……一个务实的区域统一市场肯定会有一套公平或相对公平的利益分配机制，能够使各方都得到自由贸易带来的利益。"❶

2.2.2　法律取向的理论研究

从法学领域的研究来看，经济一体化及区域经济发展过程中都需要政府间通过合作形式来加以有效推进，无论是西方国家的实际经验还是我国的渐进探索，政府间合作的稳定化、正规化模式都是运用行政协议的方式来完成。因此，叶必丰（2005）、于立深（2006）、朱颖俐（2007）等基于行政协议为核心的话语体系论述，从法律取向研究了地方区域合作中联席会议制度、协商机制、行政协定在行政法上的效力地位、缔约影响、履约方式、现实障碍等问题，来完善地方区域合作机制。

首先是行政协议的作用效果研究。叶必丰（2010）从行政协议兴起的背景角度，阐述了行政协议是对我国区域经济一体化背景下市场机制失灵、政府行为异化的有效回应，作为构建统一市场法律机制的重要内容，在国外已经被广泛采用并且具有明确的制度优势，其契合于我国单一制国家的宪政体制及我党的执政理念，也体现了法律运行层面与新区域主义经济学理论层面的衔接，具有操作上的长处与优势。❷ 行政协议在现实层面无疑对指导区域经济发展具有重要作用，但也有学者就政府间行政协议的效力进行了必要的质疑，即地方政府间缔结行政协议的合法合规性问题，"在我国现有法律中，目前的政府协

---

❶ 陈广汉等：《粤港澳经济关系走向研究》，广东人民出版社，2006年，第96页。
❷ 叶必丰等：《行政协议：区域政府间合作机制研究》，法律出版社，2010年，第二章。

议是一种游离于法律之外的、其效力没有得到认可也没有法律予以保障的一种规范。"❶ 主流观点认为，区域行政协议属于地方政府之间在彼此职能范围内经协商达成的一致性意见，在缔约主体资格上并未存在相应瑕疵及违反上位法律，因而不能认为是无效的。但确实由于涉及地方间合作的行政协议没有法源性基础，尤其是在具体文本中相关地方政府也未明确其效力范围和层级，这就会造成在具体执行中违约成本低，执行效果差，流于形式。

其次是行政协议的法律制度研究。行政协议的法理性问题引发学者重点关注，涵括立法模式采用公法模式还是私法模式、制度选择归属实体法还是程序法、是否需要单独使用《行政协议法》进行制度性规范等。如何渊（2009）就认为"只有完善的行政协议法，才能进一步促进行政协议这个合作机制的发展，才能实现政府对各主管部门、中央对地方、国家权力机关对行政机关的监控，才能保障公众的参与和明确政府与市场的界限"❷。而王菁（2015）则持否定态度，认为如果这一类协议需要单独立法，一方面架空了整个行政法原有体系，另一方面也增大了立法成本。❸ 同时，行政协议的规范性问题也是重点研究的领域，主要涉及协议订立主体与资格、缔约程序、协议内容、履约方式与纠纷解决等具体内容。

最后是行政协议的实践机制研究。诸多学者从不同区域、不同领域对地方政府合作订立的协议进行了从法律文本到具体条款的深入研究，包括协议名称、协议行政层级、涉及合作事项、有无利益协调规范等，如王芳芳（2012）就研究了京津冀地区资源生态补偿中的相应行政协议，具体包括《北京市人民政府、河北省人民政府关于加强经济与社会发展合作备忘录》等。有的学者则是从立法建议角度提出相关行政协议建议文本，左学金（2006）提出《"长三角"区域发展促进条例》❶，叶必丰、何渊（2011）在《区域合作协议汇编》中较为系统地收集编纂了我国改革开放以来珠三角、长三角、环渤海等区域合作中政府间行政协议的诸多法律规制。其中也不乏学者提出了针对现

---

❶ 王春业：《区域合作背景下地方联合立法研究》，中国经济出版社，2014年，第134页。
❷ 何渊：《区域性行政协议研究》，法律出版社，2009年，第170页。
❸ 王菁、张鑫：《论法治路径下的长三角区域政府合作协议》，《西部学刊》，2015年第12期。
❶ 左学金主编：《长江三角洲城市群发展研究》，学林出版社，2006年，第92页。

行行政协议的不足和建议，如"合作协议拟定过程的民主化程度不高"[1]、上级行政组织过于主导或者发达地区政府过于强势，未能体现协议参与中欠发达区域和下级行政组织的意见；针对行政协议目前效力不高、纠纷解决机制不足的问题，提出"从长远的制度设想来看，将政府合作协议的争议解决纳入司法程序，使司法救济成为政府合作协议的最终保障途径是必要且合理的"[2]；甚至提出为了有利于合作协议的效力提升，需要统筹央地关系，修改宪法条文以补充中央政府对地方行政协议的批准条款，发挥为地方合作构建制度平台、参与区域法治事务协调、加强区域合作行为监管的功能，提升地方政府区域合作的执行效力。[3]

2.2.3 行政取向的理论研究

林尚立、谢庆奎等学者采用行政学研究取向，研究了府际关系问题，基于地方政府合作的制度—功能维度切入这一领域。林尚立（1998）最早在《国内政府间关系》一书中认为国内政府间关系分为纵向关系和横向关系，横向关系主要是区域之间的经济合作与利益关系，而其中纵向央地关系是府际关系的主轴，它决定了地方政府的地位、权力和活动方式。谢庆奎也认为广义的府际关系应当包括"横向关系网络以及政府内部不同权力机关的分工关系网络"[4]。陈振明在其《公共管理》一书中特别研究了政府间关系网络化的发展趋势，特别是地方政府之间合作日渐普遍的实践功能。"府际关系实质上就是各级各类政府之间的利益关系，中央与地方关系具有利益竞争性质，地方政府间关系同样具有利益博弈性质。理性选择分析途径尊重地方政府的自主利益诉求，不再将地方政府视为上级政策的被动执行者。"[5] 从制度分析视角，俞可平（2000）、陈振明（2003）认为在地方政府间网络治理形态下，依靠自身资

---

[1] 郑春勇：《地方政府合作协议的新制度主义分析》，《创新》，2011 年第 1 期。

[2] 余锏：《论区域协调中政府合作协议的法律规制》，《广西政法管理干部学院学报》，2008 年第 3 期。

[3] 何渊：《论我国区域合作协议的中央批准权》，《上海交通大学学报（哲学社会科学版）》，2015 年第 5 期。

[4] 谢庆奎、杨宏山：《府际关系的理论与实践》，天津教育出版社，2007 年。

[5] 《中国政治学年鉴》编辑委员会编：《中国政治学年鉴 2003—2005》，中国文联出版社，2006 年，第 28 页。

源无法获取目标时，应以彼此合作的策略活动实现双赢。从制度创新角度，汪伟全（2005）、刘祖云（2007）研究了地方政府区域合作中府际管理、合作博弈等治理制度问题；张紧跟（2006）、龙朝双（2005）关注横向合作以实现利益分享和利益调节的协作机制，通过府际关系调整来优化合作机制，指出开展横向合作是根源于利益驱动以及发展的不平衡，应以分权调动各方积极性为逻辑起点，以地方个性化发展为战略基础，给"弱势"地方创造政策、财政条件等，使其拥有发展合作关系的必要资源。

同时，国内一些学者开始从地方政府合作的路径—措施维度进行了创新性的研究。在组织路径研究层面，杨龙对地方政府合作的动力、过程和合作机制等方面进行了研究，并提出"地方政府合作机制可以概括为互利模式、大行政单位主导模式和中央诱导模式等"[1]。陈瑞莲将行政生态的思想引入区域治理，从行政区行政到区域公共管理的治理路径变革角度，不仅强调了地方政府横向合作关系的重要性，而且对地方政府合作的路径创新进行了实证性研究，指出"可通过政府间协议形式，来实现更经济的区域公共治理，以'协作性新战略'指导政府区域合作，提出识别问题、寻求联合方案、共同执行的战略过程，将地区间跨域合作治理总结为行政区划调整、功能形成、伙伴关系建立三大阶段"[2]。汪伟全提出了协同治理或称为协作性公共管理的地方政府合作路径，强调多元主体间协作治理公共事务的过程[3]；府际网络路径认为府际关系是个网络系统，"每个行动者都无法依靠单独行动达到目标，都需要得到其他行动者的资源支持。为此，各级各类政府有必要构筑彼此信任、互赖和合作关系，尽可能地争取其他行动者的资源支持。"[4] 我国地方政府区域合作实施在措施机制研究上也取得了一定进展，例如明确了地方政府区域合作的发展方向是区域公共管理、复合行政、跨域行政等理念（陈瑞莲，2003；鲍静，2004；金太军，2006）；梳理了地方政府区域合作的实施模式（刘振亚，1991；

---

[1] 杨龙：《地方政府合作的动力、过程与机制》，《中国行政管理》，2008年第7期。

[2] 陈瑞莲、杨爱平：《从区域公共管理到区域治理研究：历史的转型》，《南开学报（哲学社会科学版）》，2012年第2期。

[3] 汪伟全：《地方政府合作》，中央编译出版社，2013年，第46页。

[4] 《中国政治学年鉴》编辑委员会编：《中国政治学年鉴2003—2005》，中国文联出版社，2006年，第28页。

宋晓梧，2004；杨春南，2009 等），如西南协调会（区域委员会）、东北四城市市长峰会（首长联席会议）、长株潭城市群（区域策略伙伴关系）、珠三角都市圈（超级城市体）、广州佛山（同城化）等；深化了地方政府区域合作的作用领域，由纯经济领域向公共服务和社会管理领域（杨龙，2008；王涵，2009），对其中动力、过程展开探讨，并研究了合作机制中利益、信任、规则等问题（严强等，2009）。

2.3　现存研究局限

通过对国内外研究的回溯与梳理不难发现，在地方政府区域合作领域已经取得非常丰富的研究成果与进展，但也存在如下问题值得探讨与进一步深入研究。

第一，学理研究深度不够。现存学理研究在我国地方政府区域合作的动因机制方面相对不足，仅从区域经济合作的维度来分析，未能体现变革时代复杂环境对公共治理的共生性影响，尤其是行政关系、公众需求、区域文化等角度的多层次、多面向的综合性论述，对触发合作的基本因素也缺乏系统分析。

第二，研究方法较为单一。基于规范分析较多，定量研究的较少，尤其很少有对地方政府区域合作的评价机制以及区域合作绩效的实效性研究，使合作机制缺少闭环运行的反馈环节。

第三，研究内容有待拓展。案例分析及实证调研多基于产业经济项目规划来研究地方政府合作，缺少从公共服务事项和区域公共治理路径来研究地方政府合作机制的开展，使得研究的民生导向性、行政指引性不强。

第四，研究视野较为狭窄。对于地方政府合作机制虽然已经有从协商机制角度切入的研究成果，但缺乏从利益整合机制、议题协商机制、协同执行机制、效果评价机制全方位、全流程的合作机制整体性研究。

第三章　现状解读：国内地方政府
跨域治理合作的实证分析

3.1　历史沿革与制度变迁

伴随着全球化、城市化与区域一体化推进而产生的跨域治理与协同发展思维，为地方政府府际联系的加强提供了可能，使区域公共议题逐渐扩大，涉及经济发展、公共服务、资源协作等多个方面。在此背景下，为了顺应全球政经发展，应对包括地区恶性竞争、区域资源过度开发、环境恶化等区域性问题，新的政府治理代替传统的囿于行政规划的管控型治理的模式得到了飞速发展。

从世界范围内看，跨域合作治理是一种不同于以往的政府治理模式，其发源于20世纪50年代，逐渐兴起的新公共管理理论及政治改革运动。20世纪80年代以来，政府间合作成为一种世界趋势。经合组织认为，这一趋势的成因，一方面在于贫富分化、失业、环保等一系列社会问题的出现；另一方面在于城市化及经济全球化的发展。最终，区域政府合力处理问题的需求得以产生。在此后一众国家循序渐进探索区域协作的实践中，逐步形成了诸多治理模式与创新经验。如日本通过促进围绕核心导向目标运转的外围共建措施的实施，增强内层主导机制的保障和支撑作用；欧盟通过多层次、网络化治理加快了一体化步伐；美国多样化都市区治理保障了城市统筹发展。在不断创新的过程中，政府跨域治理模式主要显示出三个方向的目标，即区域问题的高效解决、社会公众参与需求的满足以及府际合作伙伴关系的构建。而世界范畴内的跨域治理也更重视多元参与、信任构建、利益共享、风险共担的运作模式。总而言之，世界各国在区域合作治理模式之上的探索均为我国提供了宝贵的经验。

中国经济已处于较高水平，经济区域化使地方政府合作的作用日渐凸显。从全国范围内看，我国政府跨域治理合作的思维，最早可以追溯到20世纪80年代初国务院的政策所显示出的跨地区经济合作治理思维。例如，中国市管县体制下的区域发展思路与政策安排的最终目的就在于城乡一体化发展。这一阶段，跨域治理思维虽然并未完全以详尽的形态实现，但依旧体现出跨域治理理论中一个重要的阶段内涵，即整体政府和整体治理路径的选择。21世纪初期，我国实施了一系列诸如西部大开发、中部崛起的区域协调发展战略以推进协调发展，体现出我国政府实现跨域治理日趋朝着治理途径与制度分析的探索前进。2011年起，"十二五"规划也进一步强调区域协调发展的重要性，跨域合作治理登上我国公共治理舞台。自此后，我国政府跨域治理体现出层次治理的特征，结构化、多系统化的特点日渐明显。以松辽流域跨区域治理为例，由于该流域涉及多地区、多部门、多层次的可持续发展，故其治理主体之间从该地的复杂系统属性出发，形成犬牙交错的权限划分与责任划分，提高水资源的利用率。从目前现状总结可知，我国跨域政府治理合作显示着分层性、多元化、权力分散、民众融合等诸多特点，最重要的是多元化、多主体的公私互动。

实际上，参考我国多年来探索政府跨域合作的进程，可将我国区域治理的特点总结为如下三个方面。其一，城市群与经济区构成了跨域问题的主要推动力。21世纪以后，区域发展之中城市群成为主体，带动着区域一体化进程的发展，也为政府跨域合作提供了可能。其二，跨域治理带有强烈的行政主导色彩。以山东半岛城市群为例，该地区以各城市为主体展开了政府间卓有成效的合作，但其实现仍旧主要依靠政府自上而下的行政推动。其三，目前跨域治理合作仍旧缺乏有效的政策制度工具。相比于跨域治理理论，切实政策的缺乏成为我国区域治理的一大瓶颈。就现实发展而言，政府措施一般包括财政政策、税收政策、产业政策、人事政策、教育政策等。但其中亟待加强的一方面是制度效力的问题，另一方面则是协同程度评估的问题，亦即仍缺乏有关法规确立、合作组织、绩效考核等的翔实的制度设计。

综上所述，在系统理论框架下，对于当前我国政府跨域治理的模式、类型及演变规律进行总结并建构基于协同机理的评价指标体系，进一步完善我国地方政府区域间跨域治理合作的路径对于推进我国公共管理跨域治理研究与探索的深入有重要的意义。

3.2 现状概述与发展导向

随着市场范围的扩大与分工的深化，囿于区域封闭式发展的治理策略难以促进本地经济增长与社会发展，地方政府必须从冲破行政壁垒的方式入手，以加快要素流动与资源有效利用，进一步发展区域经济。其中包含着三个方面的目标导向：其一是地方府际间利益的良好协调；其二是地方府际互惠关系的构建与合作关系的维持；其三是跨域范围科学发展观的落实与区域经济一体化战略的践行。这不仅仅是对地方协作治理需要的满足，也是调动中央和地方政府能动性的前提。

中国经济已处于较高水平，经济区域化使地方政府合作的作用日渐凸显。在这个过程中，由于地方政府对经济利益及政绩水平的追求，府际竞争变成普遍现象，地方间利益竞争也逐渐显露出较为明确的态势，故协调地方经济利益与社会利益成为政府跨域治理的目标导向之一。跨域治理府际竞争，即是各利益主体均出于自身利益追求而形成的对抗性影响和互动关系。竞争关系位于主导地位之时，往往会导致恶性竞争，使地方政府采取地方保护主义、市场隔离等竞争手段，造成总体利益受损。因此，在当前我国现有的地方跨域治理较为成熟的经验中，往往有两种实现这一目标的策略导向。第一是加强宏观调控的作用。通过设立相关管理部门，以部门规章、政策、本部门或本系统立项等方式鼓励地方合作。第二是明晰区域间不同治理主体的职责。地方政府一般难以解决"区域公共"性事项，故应通过合作公平地细化责任归属；对于通过合作可以获益的事情，则应根据各地不同情况，按照权责合理分配成本投入与利益回报。

总体而言，为最终实现跨域治理的科学发展以及推进区域经济一体化进程，地方政府应通过平等协商、交易的方式协调行为，化解矛盾，推动合作。在这一过程中，地方政府间不仅仅要依靠宏观调控的力量，还应运用市场的手段，构建市场化模式下的跨域治理合作机制。一方面，应实施跨行政区域非制度性协商，但不具有独立行政主体资格。协商的目的在于跨域事务的磋商、沟通和议事，并无固定的机构编制与职权范围。长三角、珠三角地区在此模式运用上较具代表性。另一方面，应注重行政协议的签署及其效力的公正。总体而言，公共产品与服务的地域边界被市场化破除，通过政府的联结实现规模经济以降低成本，同时还肯定了地方政府的行政管理权限和独立利益主体地位，促进经济发展以及更好地满足当地居民对于公共产品与服务的需求，有利于调整权利关系、统筹区域发展。

3.3 主要模式与实施途径

3.3.1 政策驱动型区域政府合作——以京津冀城市群为例

我国进入"十二五"后，中央政府愈来愈重视区域一体化发展进程的深化。在这一背景下，产生了主要依靠上级政府推动的跨域治理模式，即政策驱动型合作模式。京津冀城市群在很大程度上展现了这一模式的特征。

就目标导向与政策内容而言，政策驱动型政府合作倾向于集中力量解决某一或某些区域的特定问题，历年来京津冀合作发展的历程对此不失为一个印证。2014 年，中央高度重视京津冀三地协同平衡发展，明确了通过区域一体化缓解首都功能疏解、通过区域合作治理大都市问题的核心目的。围绕这一目的，京津冀经济区一体化治理呈现出了三个层面的发展特征。在运作流程方面，呈现出以攻克特定现实困境与发展问题为核心、以上级推动和省级协调为动力的特点。京津冀一体化过程中，2016 年《京津冀"十三五"规划》从宏观角度提出了三地五年规划，涵盖了行政管理、生态环保以及产业发展和科技创新在内的诸多领域。具体而言，针对交通设施一体化建设不健全问题，上级政府战略推动构建了京津双城联动发展的体制机制，并陆续签署了《交通一体化合作备忘录》等相关协议及备忘录；针对项目落实不理想与功能区建设不完善问题，在上级政府引导下，北京市与河北省签署了《共同打造曹妃甸协同发展示范区框架协议》等相关文件，力图促进规划引导与协同发展；对于中央政府极为重视的公共服务问题，京津冀三省市已通过合作治理在社会保障等公共服务领域积累了宝贵经验。目前，三省市社会保险机制与社会保险体系已较为完善。这都凸显出政策驱动型政府跨域合作模式在针对某城市群发展中的现有困境集中力量进行攻克这一层面上的强大力量。

就组织耦合与运作流程而言，中央政府为加快京津冀一体化步伐，陆续出台了诸多政策推进三地公认的组织协调部门的创立与建设，进一步推进京津冀经济区在组织协调一体化、空间布局一体化与产业功能一体化等方面的组织耦合。京津冀在该方面的建设上，注重协调各区域、各部门协同的复杂关系，综合运用财政、法律、网络技术等跨部门合作辅助工具，以发掘跨域协同治理的潜力等。目前，京津冀成立了承担区域一体化设计重任的京津冀一体化工作组。总体而言，京津冀经济区的政府合作治理在运作流程上主要呈现出两个主要特点。其一，政治色彩浓厚，合作行为的实现多以省级政府协调为主，亦即往往依靠宏观规划与各项政策鼓励地方跨域治理。其二，能够运用强有力的府际合作及时解决现实难题、带动区域内落后地区，实现区域良好发展。如廊坊东方大学城、涿州 301 医院保障基地的不断发展必然会带动河北部分地区相关行业的发展与完善。

诚然，政策驱动型跨域治理模式为解决城市群的现实困境提供了快速有力的手段，但仍存在着一系列弊端，如弱势地区受保护难度大以及过程中的重复建设、争抢原料能源、地方保护主义等问题。对于发展规划，则更多重视宏观方向的经济布局，而忽视了对于局部具体地区实际需求的有效结合，也就意味着弱势地区有可能会利益受损。诸如产业发展层面的断层问题，首都转移的产业就是鲜明的例子，其郊区倚借地缘优势、政策优势等先天条件率先取得中端产业，而河北只能被迫接受低端产业。从合作实践角度分析，跨域合作治理之中的利益分配矛盾也较为明显。因此，上级政府应解决好各地府际关系，以避免其恶性竞争带来的诸多负面效应。总结这些弊端产生的原因，实际上在于政策驱动型跨域治理模式在利益补偿方面需要利益让渡，而政策驱动模式下的政府跨域合作往往难以化解利益博弈，也就使该种合作模式具有潜在的持续性风险。因此，中心城市宽容的利益让渡是实现区域整体利益最大化的核心与关键。

3.3.2　市场驱动型区域政府合作——以长三角城市群为例

区域经济一体化是区域一体化的核心，而市场经济体制是经济一体化的保障。市场作为发达区域一体化发展的核心动力，日渐发挥着明显的作用优势，由此衍生了以长江三角洲一带为典型的政府引导、市场主导的市场驱动型政府合作模式。

在市场经济的背景下，长三角地处"一带一路"与长江经济带的交会地带，开放度高、活力足、创新能力强，极大地加快了我国经济发展和走向世界的步伐。该区域的属性决定了其实现政府合作的最重要目的在于实现市场的进一步扩大与融合，推进经济深入高速发展，故充分发挥市场机制对资源配置的决定性作用逐渐成为推动长三角政府跨域治理、区域一体化纵深发展的必然选择路径。2014 年，江苏、浙江、安徽和上海共同签署了《推进长三角区域市场一体化发展合作协议》，旨在打破垄断，推动区域大市场建设，推进长三角城市群各地的跨域合作治理进程，最终打造长三角世界级城市群。总结而言，长三角的政府合作导向呈现出三方面的特征与诉求：其一，活跃市场，进一步打开要素市场；其二，以市场配资源，提高资源配置效率；其三，塑造成熟完善的市场秩序，改变粗放式经济增长方式。

长三角的跨域合作治理，在治理主体层面，以基层县市政府为主。以产业园区共建为例，2010 年，上海莘庄工业区与滁州经济技术开发区签订协议，对于莘庄工业区内外迁的或对外投资的工业企业，承诺将转移企业的管理营销部门留在发达地区，共建园只承接加工制造部门；❶ 而在推进旅游业发展方面，2012 年，江阴、常熟、丹阳等地旅游局签订协议以推动区域旅游共同发展。这一方面促进了府际涉及经济领域问题的行政合作，另一方面可以加快构建利益协调的市场环境。在长三角跨域治理过程中的利益关系层面，在市场驱动模式下，地方政府放权使各地政府的行政壁垒得到了不同程度的缓解与弱化，区域内各地方利益协调和利益表达机制较为完善、健全。这也就使各谋其利、自成体系的地方政府作为"行政区经济""理性人"的需求得到了满足。

---

❶　周云峰、张峰、夏飞：《加快安徽省开发区合作共建的对策建议》，《中国经贸导刊》，2009 年第 12 期。

由于市场是主要驱动力，因此该合作治理模式下的府际利益博弈较为充分，利益共享机制构建的受重视程度也相对更高，也更能够促进在一个行政区域的利益协调。总而言之，市场驱动型政府合作模式对于在区域内建设完整的市场体系，促进交通链接、旅游联动、生态环境治理、资源流动与共享有着推动作用，能够解决政策驱动模式难以化解的利益博弈困境，实现区域内经济增长模式转变、经济结构调整、深化区域经济协作。

但倚借市场经济来推动区域合作仍存在着一定的问题。首先，府际关系松散，缺乏统一战略规划。以长三角为例，该地区城市众多，行政关系交错，地区间协调难度较大。这也就导致了当各地政策不一、统筹缺失时，可能会产生一系列区域问题。苏州、杭州一直提出和上海错位竞争，但并未落实，在先进制造业和现代服务业上和上海暗战不断。其次，市场缺乏调控，区域经济发展不平衡。市场驱动型政府合作模式下，一些总体实力和竞争力较强的城市往往会在合作中获得更多的机会倾斜，继而引致实力强的城市相互竞争、弱势城市倾向回避，这也就影响了合作机制的构建。再次，缺乏统筹协调能力，协作成本较高。长江三角洲城市群内存在诸多诸如申嘉湖高速的"断头路"，则折射了这一区域合作的困境与难题，这一方面造成了大量社会资源浪费，也阻滞了长三角交通一体化步伐。这也说明，虽然市场驱动模式加强了地方政府的自主权，但由于中央政府角色缺位，难以及时针对现实问题与发展困境提供相关的改革措施与制度保障。最后，公共服务很薄弱，缺位问题突出。利益驱动下的政府跨域合作，往往引致公共产品和服务总量不足、资源配置不均，特别是广大群众基本公共服务和跨市的区域公共产品尚未得到满足。为此，在市场主导模式下的一体化进程中地方政府要配合新一轮行政体制改革，强化宏观调控协调能力。

3.3.3 综合共力型区域政府合作——以珠三角城市群为例

除政策驱动型模式与市场驱动型模式之外，我国各地政府在逐步缕析和调整政府与市场关系的进程中，以珠江三角洲为代表的部分城市群探索出了多元主体、多维协作的综合共力型政府跨域合作治理的新模式。

珠三角以珠江连接，地区合作与交流历史悠久，经历了由民间商务、学术等交流最后上升到政府层面。珠三角区域政府合作治理来源于市场与政府合力共同作用。宏观而言，一方面，中央政府、"9＋2"各省区政府为泛珠三角的区域合作破除了各种体制性障碍，加强了各种基础设施建设。另一方面，珠三角重视发挥市场作用，利用市场对资源配置的高效率实现各自优势的利用，扬长避短以实现专业化分工，进而提高地区整体经济水平，以联合化解矛盾，有效地将外部性内部化，进而减少交易费用，为地区经济发展注入活力。

珠三角城市群的政府合作强调各个治理主体的协作、互惠与平衡，较之前文提到的两种模式，更加尊重地区间利益，更易于扬长避短、良性发展。举例而言，这一模式在广佛同城化的进程中得到了良好的发挥。2009年3月，广州市和佛山市签署了《广州市佛山市同城化建设合作协议》及两市城市规划、交通基础设施、产业协作、环境保护等4个对接协议，促进了广佛同城的实质性进展。此后，两市又在民生领域、文旅合作、区域人才、共建示范片区等多个领域展开进一步合作，在这一过程中逐步实现了政府越位到市场归位、过度竞争到多方合作的良好转变。在珠三角的区域合作治理中，重视政策引导与具体落实两个层面的相互契合。第一，制度规划层面，珠三角一方面积极举办由各省市共同主办，国家发改委、商务部等指导的论坛与洽谈会；另一方面不断强化与港澳的联系，构建高层联席会议制度。行政首长联席会议由九省（区）人民政府和港、澳行政首长组成，旨在研究合作规划，研究解决合作问题，审议文件以及决定下一届论坛和洽谈会的承办方。除此之外，在广佛同城化合作机制构建的过程中注重分权改革与路径创新相结合。合作机构的设置强调了决策、执行与监督的分权原则。分权化体现了两城市民、相关利益者的意见与需求，有利于为跨域治理提供多方决策参考。第二，市场协同层面，"广佛同城化"为两地协调发展提供了良好的机遇。《珠三角区域改革发展规划纲要（2008—2020）》印发之后，政策引导与项目落实逐步紧密结合起来。近年来，佛山与广州交通网的便利与完善极大地促进了两个城市统一市场，统一规划。数据显示，佛山限制购买政策取消后，佛山楼市被广州买家大举涌入，成交量也一路攀升。

综合共力型政府合作模式为府际协作提供了一种较为良好的制度设计，为当前我国城市群实现更为成熟有效的区域合作提供了参考。首先是区域内利益协调机制的建设。为了保证利益驱动下合作实现的可能，综合共力发展的政府跨域合作必须明确利益协商机构、负责机构与参与人员，明确利益协商的程序与规则，保证在主体多元化的前提下构建合理的利益分配与补偿机制。其次是绩效评价机制。绩效评价机制作为跨域治理中不可缺少的一个部分，在综合共力合作模式下更凸显着极为重要的意义。一方面，综合共力模式强调的多元主体增加了绩效评估的难度；另一方面，综合共力模式的多层次职权提升了绩效评估的意义。因此，在这一过程中全面与重点兼顾、定性与定量结合的绩效评估机制在一定意义上为未来我国政府跨域治理的机制保障提供了参考。

3.4 阻滞因素缕析

我国政府跨域治理虽然已经有了一定的基础，形成了政策主导、市场主导、综合共力等较为成熟的模式，但合作的广度、深度总体上仍旧差强人意，成效仍有提升空间，速度也有待提高。究其缘由，在跨域合作治理的进程中的体制结构、内部合作以及政策规制等方面依旧存在着一系列阻滞因素。本研究融合各个模式共有的现实困境，将其归纳为三个方面，即行政制度的实施困境、区域政策的有效性困境以及模式运作的缺失困境。

第一是行政制度的实施困境。这一困境具体表现在区划阻隔背景下的地方保护主义盛行以及利益驱动下的竞争与依赖现象。一方面，行政区划边界成为不同区域政府追求利益最大化的体制障碍。传统行政观念在部分地区仍旧有较为明显的影响，致使在区域合作过程中，存在着地方性政策体制壁垒，其结果则是影响生产要素资源配置、地区交易成本过高。现行行政体制下，地方政府权力分散，考核又与经济效益挂钩，地方政府大都不愿放弃自主利益而采取与他人合作方式追求区域利益最大化，由此导致的行政壁垒使得市场要素的自由流动极大地受阻。另一方面，利益纷争在成为合作驱动力的同时也造成了诸多隐患。为了保护地方利益，当缺失科学可行的合作协议时，地方政府往往会采取地方保护主义的策略，造成恶性竞争、重复建设、区域产业同构等问题，影响着区域市场的自由竞争。此外，地方发展规划忽视地区生产力布局，以致上升到区域行政层次的问题缺乏高效有力的合作形式。

第二是区域政策的有效性困境。这一困境具体表现在制度供给不足以及法律保障薄弱。首先，制度供给对于区域政策、区域协议的有效性起到了最具备导向性的保护作用。然而，就目前而言，顶层制度虽然为跨域合作提供了导向，但依旧缺乏足以保障区域协定具备效力的政策条文。在此背景下，跨域合作以多方集体磋商取代以政策措施体系为基础的正式谈判机制，拖延了共识形成的进度。同时，法制给予政府跨域合作的保障也稍显不足。即便是京津冀城市群这类发展一体化较为成熟的区域，在宏观规划未制定的情况下，地方政府只能进行临时性而非制度化的协作，进而导致协作的脆弱与不稳定，若地方领导发生变更，合作也极容易难以维系。

第三是模式运作的缺失困境。这一困境也有两大具体内涵：其一是模式运作过程中的协调不畅以及信息阻滞；其二是合作后期的绩效评估难度大这一问题。由于我国政府跨域治理存在着一系列固有的弊病，因此各个模式的协调机制仍有诸多不足。诸如信息交流机制不通畅、应急联动机制不健全、社会参与机制不完善等。这就要求建立统一的地方协同发展信息平台与监测评价体系。除此之外，在绩效评估层面，各个地区的跨域治理合作都面临着评估指标的选择、评价体系的建设等难题。而如何依靠评估机制评判区域在国家经济社会发展中的贡献、区域协同发展的质量和效益以及各地在区域协同发展中做出的努力，目前在我国仍旧缺乏一套切实可行、行之有效的标准，这不利于跨域治理合作环节的契合与完善，仍需进一步研究与创新。

第四章　他山之石：国外地方政府跨域治理合作的经验借鉴

随着经济全球化和区域经济一体化的纵深发展，市场机制越来越将不同区域的社会关系整合进统一的商贸网络，加之公共事件跨出同一地区的倾向越来越明显而逐渐演进为跨区域事件，由此形成了涵括跨区域居民、私人部门、公益部门和公共部门等多主体的利益相关者群体。地方政府作为提升社会治理效能的主要执行者，扮演着促进区域间资源互补，协调多主体利益关系，构建成本分摊、利益补偿机制等的关键角色，因此，实现地方政府区域间跨域治理已经成为促进区域间共同繁荣的必然要求与趋势。

国外地方政府区域间跨域治理合作在长期的历史性探索中，取得了丰富的实践经验与理论成果，在区域间跨域治理合作的动因机制、价值导向、保障策略等方面都形成了各具特色的模式。美国、英国和日本三国的区域间跨域治理模式在立足本国现状的基础上又存在着广泛的普遍意义上的借鉴价值。碎片化是美国地方政府的显著特征，基于这一事实，美国着力构建促进地方政府在经济、科技、文化教育、医疗卫生等方面整合的保障机制；英国地方政府区域间跨域治理模式则表征为权衡与平衡的特点，注重在协调工党与保守党、中央与地方关系的基础上促进地方政府跨域合作机制的动态稳定；日本则更强调构建地方政府区域间跨域治理的价值导向机制以提升跨域治理策略的目的性与针对性，最终促进地方政府跨域合作效能的螺旋式上升。

4.1　立体多维模式：基于美国地方政府跨域治理的分析

美国基于其独特的历史政治传统和鲜明的地理、经济、科技、文化等态势，经过多年的理论研究与实践探索，形成了跨区域治理的系统机制。美国地方政府跨区域合作治理存在显著的线性逻辑特点，即演化为从"为何跨区域合作治理"到"由谁跨区域合作治理"再到"如何跨区域合作治理"的线性发展范式，因此，从"跨区域治理的形成机理""跨区域治理的互动主体"和"跨区域治理的保障机制"三个依次递进的维度系统分析美国跨区域合作治理模式的可行性与可操作性是透视美国模式的最佳路径。而美国地方政府跨域治理模式最主要的成就即是对地方政府碎片化现实的克服，并形成了促进地方政府多维度整合以构建社会治理合力与群力的完善保障机制。

4.1.1 美国跨区域治理的形成机理

城市化进程加快和人口横向流动加速是促进地区事件跨区域化的两大关键因素；此外，美国的历史传统、地理特征、政府零碎化等因素起到了推波助澜的作用，由此形成了对跨区域事件进行整合性治理的公共诉求。从博弈论角度分析美国跨区域治理的形成机理，"中心城市衰退的现实性与边缘郊区发展的趋向性""中心城市加强控制的现实需求与地方政府维护自治的政治诉求"和"公共事件的区域化与地方政府的零碎化"三对矛盾的动态运动构成了美国地方政府跨区域合作治理的形成机理，这既存在纵向的逻辑性，又存在横向的聚合性。

1. 中心城市衰退的现实性与边缘郊区发展的趋向性

第二次世界大战后，在滞胀、土地租金等因素和市场机制的作用下，美国大批企业从中心城市迁往郊区，与此同时，大量劳动力随着企业的转移而移居郊区。此外，郊区环境优美、地价低廉，随着交通条件的改善，郊区逐渐受到住宅地开发商的青睐，也成为富人的首选居住地。在郊区发展的强大压力下，中心城市财税流失，居民外流，呈现出逐渐式微的趋向。

在边缘郊区对中心城市造成巨大经济冲击的同时，郊区在政治上也给中心城市造成了巨大压力。美国素有谋求城市选民支持的政治传统，即在联邦、州的选举中，城市选民相对于郊区选民有更大的话语权。然而，随着郊区经济的发展与阶层构成状况的改变，居民"用脚投票"的方式实现这种局面的转变，导致一度依附于中心城市的郊区，逐渐演化成美国经济政治舞台上的重要角色。因此，出现了以中心大城市为核心，通过商贸联系、空间居住联系而形成的以周边地方政府为重要卫星的跨区域综合体。大都市区域的形成，使本来各自为政的地方政府在政治、经济、文化等方面的联系日益紧密，这为跨区域合作治理的开展提供了场域可能性。各个地方政府不再是完全独立的、与周边地方政府隔绝的"有机体"，而成为大都市区这个统一的"有机体"中的"功能器官"，而作为"心脏"的中心城市更需要与周边地方政府在产业规划、资源互补、公共服务外包等方面进行协调与协作，以谋求更好地解决居民需求多样化与行政资源有限性之间的矛盾。

2. 中心城市加强控制的现实需求与地方政府维护自治的政治诉求

限制政府权力和保障公民权利是美国宪法所秉承的两大精神支柱。在美国公民看来，一个强大的政府，很有可能导致腐败盛行，因此，美国公民对政府尤其是联邦政府普遍存在"防贼"心理，而更认可市场的作用，认为资本主义自由市场机制是实现自身需求的最佳空间形态，由此形成了美国"小政府，大市场，大社会"的社会主体形态。另外，美国公民普遍认为，中央政府、州政府离自身遥远，无法动态满足自身变化性的需求，因此，积极维护地方政府自治以维护自身的切身利益。此外，在职能划分上，美国公民普遍认为应该先市场后政府，即凡是能通过市场机制解决的公共事件就交由市场处理，凡是社会自身能处理的事就应当把处理权交由利益相关者，而政府更重要的是充当社会秩序维护者的角色，这就构成了地方自治最重要的依据，确保了美国社会拥有自己独立的自治空间、自治权力与自治范围。

面对中心城市的衰弱，中心城市的政府推行强有力的救市计划，这就势必要强化中心城市政府的政治控制范围与效度。中心城市政府企图囊括周边郊区建制的地方政府，形成"一个区域一个政府"的行政区划模式，以便统一规划区域内的经济发展蓝图，增强中心城市的向心力，恢复中心城市往昔的繁荣。然而，中心城市的这一主张与地方居民与政府的自治要求产生了强烈的冲突。在20世纪80年代，有25起市县合并的决议发起公民投票，但只有2例成功，可见，美国中心城市加强政治控制的现实需求与地方政府保持独立自治的政治诉求之间产生了巨大的矛盾，显然，公民是支持地方自治的。因此，违背美国强调地方自治的政治传统的"一个区域一个政府"的做法来强行推进区域融合是行不通的，这就为政府间跨区域合作治理提供了现实机理。因而，区域中心城市要和地方政府在文化教育、医疗卫生、交通设施维护等方面强化协商与合作，建立由中心城市和地方政府派出代表组成的跨区域开发机构，统一规划跨区域经济发展战略，统筹安排城市定位与布局，建立区域医疗、教育的统一标准等，并在保障地方政府自治权的基础上，通过跨区域合作来实现地方政府与区域中心城市的双赢。

3. 公共事件的区域化与地方政府的零碎化

随着各州、各县、各市之间经济联系日益紧密，人口相互流动也不断加快，加之美国中央大平原纵贯数州，密西西比河横穿数州，五大湖连接周边各州，某一地区性事件往往越出一市、一州的范围而成为跨州性的区域公共事件，这就需要公共事件的跨区域合作治理。

美国联邦制政治在本质上要求联邦政府、州政府、地方政府共享治权与公权力，并形成相互制衡、相互牵制之势以保障民意的充分表达，"美国通过划分出密集而小范围的地方行政区以保证居民有更多的机会与地方行政长官进行直接对话，由此形成美国地方政府在数量上的碎片化。"[1] 地方政府数量碎片化所导致的直接结果即是地方政府公共职能的交错重叠，公共职能缺位、越位、错位等状况严重，并且逐渐陷入恶性竞争的泥沼。首先是无度竞争，地方政府间重复建设各类公共设施，造成区域公共设施的利用率不高。其次是无序竞争，地方政府受地方保护主义和片面 GDP 主义思想的禁锢，争相实施低价出租公用地的政策，扰乱了市场秩序。最后是无义竞争，地方政府间竞争的结果往往是短时间内经济和公共事业繁荣的假象，而居民的真实需求却得不到真正满足，这实质上是地方政府间行政资源的内耗。为赢得这场并无实质价值的竞争的胜利，地方政府往往采取对边界资源恶性争夺的倾向，甚至出现"圈地"行为，由此进一步推动了行政边界模糊化的趋势。因此，基于发展竞争需要的资源争夺战将地方行政主体牢牢地捆绑在一起。

无论是地理环境等天然因素造就的区域联系，还是行政区划所造成的地方

---

❶ Alan Altshuler, etc（ed.）. *Governance and Opportunity in Metropolitan America.* （Washington, D. C.：National Academy Press, 1999, pp. 23.

政府边界模糊化倾向，都将美国地方政府整合进大型的区域关系网络之中，而公共事件涉及的利益相关者往往分属于多个不同地方政府，异质化的行政资源、差别化的公共事件的应急体系以及迥异的公共服务的供给标准，导致对牵涉多个地方政府的公共事件不能及时做出统一的规划与处理，并习惯性地采取相互扯皮的态度，由此导致公共事件的处理效率大大降低，公民的切实需求无法得到有效满足。因此，地方政府碎片化与公共事件跨区域化之间的矛盾遂成为跨区域合作治理的现实诉求，地方政府间应该跳出狭隘的地方保护主义、地方利益主义的限制，建立统一的跨区域事务处理机构，对区域事务做出统一的制度性安排，构建统一的公共突发事件应急标准与体系，以此来回应区域行政能力碎片化的事实，并实现地方政府间的良性竞争，通过对边界资源整合性的集体开发来固化地方政府间的伙伴关系，促进区域共同繁荣。

4.1.2　美国跨区域合作治理的互动主体

美国跨区域治理模式最显著的特点就是厘清了公共部门、私人部门和第三部门这三大部门之间的关系，在三大部门各自扮演好在跨区域合作治理中的独立角色的同时，加强三大部门间的联合共建，强化区域政府间的联系，深化公共部门与私人部门之间的合作，突出第三部门相对于政府部门的补充作用，由此形成了双向多维的三角互动治理主体模型，即纵向层级扁平化、横向组织结构多样化。无论是私人部门还是第三部门在跨区域合作治理领域的介入，都是以地方政府间的有效合作为基础的，因此，整个跨区域合作治理的互动主体是由地方政府推动和完善的。

1. 公共部门的支柱性价值

公共部门主要体现为政府组织，历来都是跨区域合作治理的重要主体，公共部门以财税收入为资金保障，以政府公信力作为鼓励私人部门和第三部门参与公共事务的信用凭度，能够最广泛地推动跨区域事件的合作治理，因此，公共部门始终在跨区域合作治理的进程中发挥着支柱性价值。

府际协议即是由相关市镇的行政首脑、议会代表等形成的都市联合会所订立的以有偿或共建的方式实现公共服务在地方政府间流动与整合的合作协议。这种跨区域公共服务流动协议，涵括交通、卫生、消防、教育等不同的内容，相关数据显示，美国地方政府间的公共服务签订率高达63%。

地方政府间协议在内容和形式上存在一定的差异，因此，从横剖面考量可大致归纳出三种类型。首先是府际服务合作契约（Inter-governmental Service Contract），即在地方政府的契约协议框架下，委托方地方政府以财政转移支付为代价获取受托方地方政府有关于交通、环保等方面的公共服务，以提升辖区居民的生活质量与行政治理效果。简言之，依据协议，部分政府可以把本区域内自身无力解决的公共事务以委托、承包的形式转移给其他政府。例如，南卡罗来纳州把消防、污水处理等公共事物委托给北卡罗来纳州，与此同时，接受北卡罗来纳州关于交通设施维护等公共事务的委托，由此强化各州专项事务处理的效率与效能，并通过共生的形式提升两州之间的合作与互补，使社会治理成效最大化。当然，地方政府也可以通过立法等形式把自身某些公共服务职能转交给中心城市政府，地方获得中心城市优质公共服务的代价即是地方政府在一些区域政治协商中做出妥协与让步。其次是订立共同服务协议（Joint Service Agreement），即由两个及以上地方政府签订有关公共服务供给、财政使用、资源开发等方面的协议，进行实现利益共享、风险公担、区域协同发展的目标，例如，加利福尼亚州与内华达州于1987年签订州际水资源管辖协议，共同开发区域水资源，整治污染河道，完善水利设施，为区域农场提供农业基本用水保障。最后是府际间服务移转（Inter-governmental Service Transfer），即某地方政府将自身的基础设施建设权、资源开发权等向相关地方政府、公共管理局或非营利机构等有偿转移。地方政府间通过公共服务的转移提高地方政府提供公共服务能力专业化的水平，由此形成了某些地方政府专门提供某项公共服务的图景，并相互购买公共服务，以此来高效化、针对性满足居民异质化的公共服务需求。

虽然根据政府间协议的内容，政府间相互委托的公共事务存在着较大的差异，不过从纵向角度看，各级政府所提供的主要公共服务呈现出一定的特点。例如，县政府主要提供公共设施，如修建公共图书馆、对公园实行维护等；市、镇政府主要处理边界性公共事件问题，例如对边界公路的养护，并在一定程度上作为州的代理，维护州的法律在市、镇层级的有效运行；乡村政府的职能集中于具体的公共事务，同时也要与州、县政府合作，直接管理当地的教育体系。而各地方政府的居民可以根据共同的利益构建起具有法律效应的法人团体，在公共事件上表达自身的观点，并为社会提供公益型服务。

特殊服务区（Special Service Districts）是指在大城市与周边市、镇议会的协商基础上，设立提供特定公共服务的特殊政府区域。特殊服务区往往跨越若干个市、镇的管辖区，并由大城市政府或专门成立的特区委员会统一管理。因此，市、镇保留自治权，有偿转移公共服务事项，即通过相应税费的形式获取特殊服务区的高效和专业化的公共服务。

作为特殊的政府区域，特区的服务范围由小到大可包括单一社区、若干社区、整个城市、州际地区、若干州际等行政区划，真正体现出跨区域治理的特征。"特区也被称为有限目的政府，因为特区主要向多个横向交叉的区域提供某项单一的公共服务。"❶ 作为地方政府跨区域合作最重要载体的特殊服务区，能有效提升治理的效能，通过提供某种专业化的公共服务来深入满足公民需求，并且特殊服务区是偏向于公共服务而非政治属性，因此，能提供高效服务而不至于对地方政府的自治权造成威胁。

政府间伙伴关系涉及的范围较为广泛，主要是指通过定期的高层会晤、设立公共事务管理机构、建立区域统一标准等形式来强化区域联系，增强区域互信，深化合作关系，最终实现区域的共同发展与繁荣。

设立区域公共资源开发与管理机构能使地方政府间的跨区域合作更加规范化与常态化。作为独立的跨区域开发与管理机构，主要有以下几点优势。一是行政职能与权限的相对独立性。该类机构有独立的行政层级以及行政官员的任免与考察制度，可以有效避免因地方政府内部行政官员的人事变动所带来的跨区域合作内容、方向与进程的变动，从而使跨区域合作更加稳定，便于长期发展。二是资金来源渠道的多元化。该类机构的重要资金来源即是相关地方政府的财政拨款；此外，该类机构还可以作为独立的主体接受联邦财税的资助；另外，社会捐赠也是其重要的资金来源。充足的资金是该类机构促进区域间有效合作、高效开发资源的重要保障。三是对利益相关者意志的充分关注。该类机构作为负责跨区域公共资源开发与管理的机构，行政层级更加扁平化，负责事务一维化，能更好地与公众直接进行对话，听取公众对于资源开发与管理的意

---

❶ Roger L. Kemp（ed.）. *Forms of Local Government*［M］. McFarland & Company, Inc., Publishers. 1999: 8 - 9.

见与建议。例如，1933 年成立的田纳西流域管理局独立负责田纳西河全流域的开发与管理工作，统筹部署田纳西河的开发战略与策略，整合流域所属的各级地方政府的行政资源，实现田纳西河流域的纵深化发展。

另外，美国各州政府之间往往通过制定促进各州之间合作的法律来提供地方政府间合作的政策支持，由此促进跨区域统一标准的构建，加快区域资源要素的自由流动，深化跨区域人才的交流与互动。例如，于 1968 年签订的《教育从业人员资质州际协议》和 2000 年签订的《州际护士许可证协议》都有效降低了区域人才流动的门槛与限制，从而将跨区域合作建立在牢固的人才合作的基础之上。为了在人才、资源合作的基础上进一步深化行政层面的合作，美国地方政府往往会采取由地区内的地方政府自愿或州规范成立的区域政府联盟（COGS）形式。联邦、州、各参与地方政府均是 COGS 预算的主要来源。除了地方政府间的努力外，美国联邦政府也通过设立全国性机构的形式促进跨区域合作。例如，在 1959 年成立了协调政府间关系的美国政府间协调委员会，负责全联邦政府间的协调工作。

2. 私人部门的主导性价值

"小政府、大社会、大市场"是美国社会典型的地方治理模式，这既与美国发达的资本主义市场经济所宣扬的市场至上精神相吻合，又与美国公民所秉承的政府、社会、市场共同治理地方公共事务的价值观念相承接。因此，毫无疑问，营利性质的私人部门也是美国跨区域治理的重要主体，当然，私人部门的合作是以地方政府间合作作为基础的，并且围绕地方政府间合作而展开、延伸与深入。

私人部门在跨区域治理领域的介入性很强，即参与跨区域合作治理的门槛很低，私人部门受到政府组织、社会组织以及公民个体的普遍欢迎，因为资源的优化配置可以通过私人部门的价格杠杆来实现，在推进公共事务治理的同时，也为政府创造了财政收入。私人部门参与跨区域合作治理的范围十分广泛，涉及交通、供水、教育环境等诸多领域。

"私人部门最显著的特征就是其运作方式：公有资产出售、对外承包、公司化改组、特许经营、内部市场化、多元管理、基础设施市场化、公私合作、凭单制、政府面向企业发行公债等治理方式。"❶ 其中，最具特色的是内部市场化与对外承包这两种运作模式。所谓的内部市场化，即提供内部支持性服务的内外供应商在竞争中处于平等地位，实现内部支持性服务的市场化。"就对外承包而言，相关统计资料显示，目前，合同承包商为美国地方政府提供了200多项服务。"❷ 作为政府部门与营利性组织最有效的连接纽带的外包形式，一方面政府通过付费方式获取营利性组织的专业化服务，另一方面又可获得营利性机构的税收作为地方财政收入。

私人部门的介入，尤其是私人部门在跨区域内的流动与运转，要求地方政府加强交流与合作，形成开放的市场体系，在私人部门的引进以及私人部门在公共服务领域承包行为的监管形成统一的标准，这样才能完善公共服务的供给与承包机制，满足公民多样化的需求。可见，地方政府间的合作对于区域间营利性组织间的合作发挥着促进或阻滞的双重潜在效应，地方政府间建立统一的大市场体系、统一的准入与退出机制以及监管标准，对于有效降低企业跨区域合作的阻滞力，为企业的跨区域合作打通"最后一公里"的障碍具有重要意义。

3. 第三部门的推动性价值

相对于公共部门，第三部门强调满足居民的差别化需求，相对于私人部门，第三部门的公益性特征显著。第三部门作为美国跨区域三角治理主体中的重要一级在对传统公、私两大部门的治理路径进行了重构性反思的基础上，突破地方偏见，提高了跨区域综合治理的实践效能。

首先是志愿者部门。美国跨区域治理志愿者部门的广泛建立得益于美国公民高度的志愿服务热情。志愿者部门虽具有典型的公益性质，但采取企业的管理模式以提高其运行的效能。志愿者部门由董事会、监事会、执行部门三大板块构成。其中，董事会主要负责重大项目的决策，审议年度工作汇报和经费预算等；监事会主要负责对执行部门职权的监督，确保其按既定的计划和规章制度执行董事会的决议；执行部门主要负责对董事会决策的执行，并接受监事会

---

❶ 戴昌桥：《中美两国地方治理比较研究》，吉林大学学位论文，2011年。
❷ E. S. 萨瓦斯：《民营化与公私部门的伙伴关系》，中国人民大学出版社，2003年，第129页。

的监督，由于执行部门最接近公共事件的利益相关者，因此，对于满足公众的利益需求发挥着重要作用。

志愿者部门形式多样，但其主要职责可以分为收集、表达民意，监督、审查政府决策，推动政府间合作等几大方面。"比如共有 500 多名市民作为志愿者在美国库帕斯克里斯蒂市议会下面设置的 51 个专门理事会和委员会为城市的立法机构的决策提供咨询服务。"●

其次是社区发展公司。社区发展公司虽以公司命名，但在法律意义上属于典型的公益性第三部门。"社区发展公司作为特定目的成立和运行的非营利性组织，根据美国国内税收法的相关规定 ［section 501 （c）（3）］，享受免税待遇，其收入不得用于任何私人发起者和个人。"●

美国 20 世纪 60 年代分类援助实施中的社区行动机构演变成后来的社区发展公司，因此它们普遍与政府机构构建了良好的合作伙伴关系。例如，印第安纳波利斯市市长史蒂芬·戈德史密斯与社区发展公司合作，改造该市的旧居民区，并新建了大量的住宅区。此外，社区发展公司的公共服务还涉及地区治安、区域环境治理、廉价公租房建设、居民就业等领域。

社区发展公司最显著的特点在于：首先，选择中心城市与边缘郊区的接合部作为其发展集聚地，这也就决定了其主要成员是社会中下阶层居民的特点；其次，公共服务活动以保障社区居民基本生活条件为着力点，同时以集体行动的方式加强居民政治话语权；最后，活动经费来源多渠道化，以政府财政支持为主要来源，以基金会捐赠为重要补充，以收取成员会费为基本收入来源。"相关资料表明，社区发展公司接受的费用55%是通过州政府，36%是通过基金会。"●

公益部门的跨区域性特点，要求地方政府间要相互合作，对公益部门在合作治理中的角色行为制定统一的引导与扶持政策。首先要由相关地方政府牵头，组织有关专家学者、公益部门的负责人以及利益相关者代表为主要参与者

● 高新军：《美国地方政府治理：案例调查与制度研究》，西北大学出版社，2007 年。

● 徐丹：《美国社区治理中的第三部门研究》，华中师范大学学位论文，2014 年。

● Sara E. Stoutland. *Community Development Corporations：Mission，Strategy and Accomplishments*，in Rode F. Ferguson and William T. Dickens. eds.，Urban Problems and Community Development（Washington，D. C.：The Brookings Institution Press，1999），p. 206.

构成座谈会，探讨公益部门在公共服务领域的准入、退出机制，资金来源以及应当扮演的角色等。另外，地方政府间要强化高层对话与交流，对公益部门在公共服务领域的行为制定统一的监管标准，以此形成强化地方政府间合作与公益部门高效运转的双重效益。

4.1.3　美国跨区域治理的保障机制

由公共部门、私人部门和第三部门形成的跨区域治理双向多维的三角互动主体，只有在一定的保障机制中才能更加全面地发挥其作用。美国为提高跨区域治理的绩效，形成了包括提供即时、准确的信息技术保障，提高决策效度的路径保障和提供稳定的资金保障在内的多层次、多维度的保障机制。

1. 技术保障

即时、准确的信息传播是跨区域治理顺利展开的必要前提。因此，必须保障有关公共事件信息的丰富性、即时性和准确性。美国以互联网信息技术为核心，综合运用 GPS、GIS、RS 等现代地理信息技术为跨区域治理建构技术保障机制。

首先，公共事件信息的丰富性。美国跨区域治理信息技术向政府机构和社会组织提供分类化的多样性区域信息。从宏观角度讲，涵括了国家近期以及未来几年的政策动态，例如联邦层面为应对经济全球化进行的跨区域经济发展规划；从中观层面讲，涵括了各州具体的经济发展计划，以及各州的重大建设项目；从微观层面讲，包含的信息更为丰富，例如政府的部门情况、办事流程、企业单位的招聘信息、业务变动、公民的就业和消费等方面的具体信息。其次，公共事件信息的即时性。美国跨区域治理信息技术的信息传播具有动态性，会根据事态的严重程度而调整信息出现的时段与频度，也会根据公民的需求调整信息内容与信息传播方式。最后，公共事件信息的准确性。美国跨区域治理信息技术所传播的信息并不是网上信息的简单汇总，而是经过了严格的验伪性处理。美国通过信息技术打破地方政府间的"各自为政"以及相关部门职能的"横向交叉"，把不同层级的地方政府、不同职能部门的主管业务以及业务流程集中于统一的信息平台，为利益相关者提供高效、舒适、便捷的服务，提高信息的针对性以及事务处理的时效性。

可见，完善的信息网络依赖于高科技含量的跨区域治理信息技术，而美国正是以其先进的互联网信息技术为核心建构了跨区域治理的技术保障机制，为跨区域治理的开展提供丰富、即时、准确的公共信息。在多层次、全景化的区域信息场域中，跨区域事件涉及的地方政府可以根据自身需要选择合适的信息作为决策的依据，而信息间的共同性与面向主体的多元性要求地方政府在共同信息的基础上加强协作，做出统一的顶层设计，针对跨区域事件形成政策的叠加效应。当然，只有保证地方政府间的政策具有同向性，才可能形成政策合力，而丰富、即时、准确的公共信息即是保障地方政府政策同向性的基础与前提。

2. 路径保障

跨区域治理的路径保障机制主要体现为通过合规化的决策流程保证利益相关者的知情权、参与权和表达权。公民参与公共治理的前提是其知情权得到有效保障，而公民对于决策科学性与民主性的认可能够有效促进公民积极参与，从而推动决策的实行。以下几个方面是美国跨区域治理公共决策透明性的主要表现（见图4-1）：

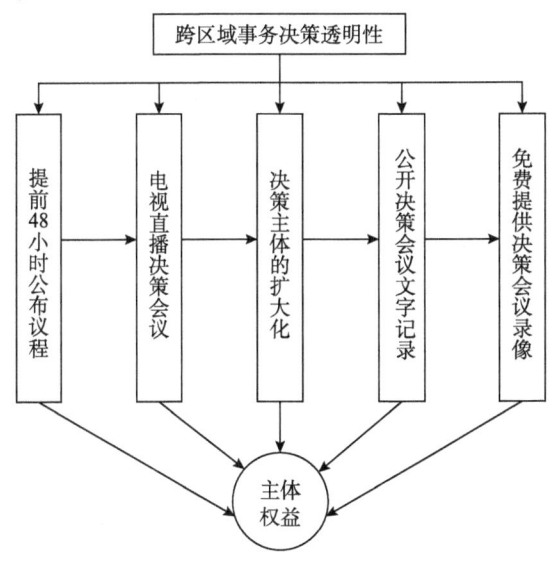

图4-1 跨区域事务决策透明性

美国跨区域事务决策的透明性主要由"提前 48 小时公布决策会议议程""电视直播决策会议""决策主体的扩大化""公开决策会议文字记录"以及"免费提供决策会议录像"这五个要素构成。其中，关于决策会议流程的四大要素都是为决策主体所服务的，通过决策流程的合规化来保障决策主体的知情权。当然，决策主体本身的扩大化表征为形成涵括政府部门、公益部门、营利部门以及利益相关者主体在内的多元决策主体，而决策主体的知情权、参与权和表达权背后则是对主体权益的诉求。

可见，公共事件的利益相关者的知情权来源于管理部门的透明化决策，而利益相关者通过知情权来深化参与权，从而推动公共决策的落实。由此，借助必要的反馈机制，在公共事件、公共事件决策者、公共事件利益相关者之间形成封闭式的高效循环模式，建构起跨区域治理的路径保障机制。公民对跨区域事件的了解、参与能够反向促进地方政府间的跨域合作，跨区域事件的利益相关者以实现自身利益、满足自身需求为核心目标，而鲜有囿于地方主义与区域主义，这就要求地方政府克服狭隘的各自为政、各担其险、各获其利的观念，而由分散走向联合，从而对跨区域事务做出统一的安排与部署，以此对利益相关者的主张与需求做出合理回应。

3. 资金保障

充足的活动资金是开展跨区域治理的前提条件。美国跨区域治理主要由公共部门、私人部门和第三部门三大互动主体构成，其中，公共部门的活动经费直接来源于从联邦到州再到地方各级政府的财政支持，私人部门的活动费用主要来源于企业的盈利，而第三部门的资金来源渠道相对多元化，更具动态性。

第三部门以其多元化的资金来源，不断提高其跨区域治理的范围与效能，也日益获得其独立化的社会地位。首先，作为跨区域治理的重要构成主体，第三部门会得到一定额度的政府财政的直接扶持，为其治理活动的顺利展开提供必要的启动资金。此外，针对其市场行为，政府对第三部门实行税收减免政策，实现税收政策向第三部门的隐性倾斜。其次，第三部门通过与政府签订相关公共服务资助项目来获取政府资金的资助。再次，第三部门通过组织法定的市场经济活动来产生盈利，作为其日常活动经费的重要补充。最后，第三部门举足轻重的经费来源是社会捐赠。由于美国政府鼓励公民向相关公益组织无偿捐赠，并对捐赠公民实行税收减免政策，美国公民普遍有较高的捐赠热情，因此，由捐赠个体聚合而成的家庭已逐渐成为近年来社会捐赠的主力军。有关资料显示，"在美国有75%的家庭有个人捐款给非政府组织，捐款数额占到每个捐款家庭收入的2%。近几年全美慈善捐款当中，有90%多的捐款份额都来自个人而不是企业或基金会。"❶

可见，美国跨区域治理主体，尤其是第三部门以其多元化的资金来源形成稳定的资金保障机制，为其治理活动的顺利展开提供必不可少的经费。

4.2 SCP－结构模式：基于英国地方政府跨域治理的分析

英国地方政府间跨区域合作治理模式深受中央与地方权力博弈、保守党和工党执政地位之争的影响，并且建立了对跨区域治理效能的多维度评估模式。地方政府间跨区域治理结构对跨区域治理行为具有直接影响，跨区域治理绩效评估对跨区域治理行为具有反馈价值，而跨区域治理行为在整个治理模式中起着核心作用，形成了典型的SCP（结构—行为—绩效）模式。英国地方政府间跨域合作的发展进程直接表征为两个显著的特点：中央是否放权于地方以扩大地方政府间的合作自主权；是否强化市场在公共服务领域的力量以促使地方政府通过合作来增强应对能力。

4.2.1 英国治理结构的整合管理

英国地方政府间的跨区域合作治理纵向受到中央与地方权力之争的影响，横向受到工党与保守党执政地位之争的制约，在这两股相互交错的作用力的导向下，逐渐形成了跨区域治理的网络结构。这两股相互关联的势力的矛盾运动对地方政府间合作的程度、广度以及频度都产生了深远的影响。其中，中央与地方的权力互动直接导致地方政府间合作时自主权的大小，而工党与保守党对执政党地位的争夺则会左右地方政府与市场之间的关系。在公共服务领域，市

---

❶ 杨团：《美国的非营利组织与基金会》，《21世纪杂志》，1995年第6期。

场的所受限制越小，则地方政府间越是倾向于相互合作以谋求对抗来自市场的压力。

1. 中央与地方的互动

第二次世界大战以来，英国中央与地方核心权力的博弈大致经历了三大阶段，即第二次世界大战后初期地方权力的部分恢复、撒切尔时期地方权力的收缩、布莱尔时期地方权力的回归，内含七个具体的历史分期，地方与中央权力的动态博弈对英国跨区域治理产生了深刻的影响（见表4-1）。

表4-1 英国中央与地方核心权力博弈历史阶段

历史阶段	历史分期	主要特征
地方权力恢复阶段	协商或咨询期：1945—1970	中央与地方相互咨询
	合伙期：1970—1974	构建中央与地方的共识关系
	合并期：1974—1979	地方政府参与中央决策的制定
地方权力收缩阶段	干预期：1979—1983	中央限制地方的财税自主性
	报复期：1983—1987	地方政府管理的政治化；中央与地方关系的冲突性
地方权力重构阶段	变革期：1987—1990	政府的市场化运营；政府角色的多元化
	治理期：1990—1995	政府内部改革；三大部门的网络化关系

地方政府作为中央在地方的政治代理人，财政资源掌握在其手中，并且拥有独立的税率制定权和公共财政支出预算权，因此也就理所当然地成为社会公共服务的主要供给主体。但是由于战后财政压力造成地方政府在大型公共设施建设方面力不从心，以及邻近行政区对边界资源无序争夺，导致地方政府受到来自公众的舆论压力与质疑。因此，地方政府从疏离走向联合是对上级政府的政绩要求和公众多元化需求的倒逼之势的有效回应。地方政府间从无序竞争、无度竞争、无义竞争的"三无式竞争"到跨区域合作治理嬗变的直接表征即是建立一系列非制度化的论坛，由地方政府派出代表组成的边界事务论坛，负责讨论公共资源的开发、区域公路维护等事宜。当然，此时的论坛不仅不具有独立的行政职能，而且其运作资金来自与会地方政府的财政拨款，并且该论坛形成的政策建议对相关地方政府并不具有强制性的约束力。在地方政府权力恢复阶段，各地方政府在中央完善社会治理的号召下，并基于满足居民需求以获

取更高的支持率的动力，地方政府间逐步开始了跨区域合作治理的初步尝试，并不断丰富合作形式，扩大合作范围。

撒切尔政府面对"福利国家"所带来的"高赤字，高通货，高失业，低增长"的英国病，积极协调中央与地方的关系，以治疗英国病。一方面，中央严格控制地方政府的公共财政预算与支出，并回收部分地方财税权归中央所有；另一方面，在公共服务领域引入强制性竞标策略，以求降低服务成本、强化地方政府服务绩效，其目的在于通过外在的强制力量迫使地方政府改善社会治理，提高治理效能，通过市场竞争机制来降低中央政府的财政压力。这一时期的地方政府间跨区域合作治理呈现出强烈的"中央意志"的色彩，主要特征为在地方民选机构的基础上，形成了一系列中央派任机构，例如中央政府的资助机构、公私合营组织、消费者组织、府际论坛和联合议会等。这些中央派任机构不仅在一定程度上部分地取代地方政府相关部门的职能，并且以中央的意志推进跨域合作治理的进程。例如，通过人力服务委员会来统筹地方的训练与教育事务，剥离地方政府在教育方式与教育水平上的偏见，而旨在建立临近区域的统一教育标准。在地方权力收缩阶段，中央意志压倒地方意志成为推进跨区域合作的主流价值理念，而合作治理的目的亦释放出降低服务成本、提高治理效能的信号。

看到压抑地方政府活力所带来的局限性，布莱尔政府重新定位中央与地方的关系，在经济、政治、文化生活中为中央权限重新定位，不断深化中央与地方政府共治的观念与实践操作，削弱中央对地方政府的管辖与管制。中央给予地方政府在地方公共事务方面更多的自主权，强调社区居民在地方政府的引导下积极参与地方事务，并从中央层面鼓励地方政府间的合作，鼓励地方政府基于就近原则建立公共事务协会，整合临近地方政府的资源，为居民提供高质量的教育、医疗、污水处理等方面的服务。在地方权力重构时期，中央与地方政府的关系不断趋于稳定。一方面，中央政府为地方政府间的跨区域合作提供政策与资金上的扶持。例如，区域环境治理委员会可以作为独立的主体获得中央财政扶持，当然也可以独立地向社会融资。另一方面，地方政府间的合作逐渐由偶发的、非制度性的尝试向经常性的、制度化的机制方向转变。例如，都市发展公司作为公司化运营的跨区域公共部门合作的常设组织，负责区域城市发展规划与设计。因此，地方政府间跨区域合作在这一阶段逐步实现纵深化发展。

可见，中央与地方的博弈主要影响的是地方政府在跨区域治理中的自主权。当中央意志主导跨区域合作时，地方政府间的合作呈现出鲜明的"上级行政指示"的色彩，相对缺乏地方智慧的创造性；而当中央给予地方较多的行政权限时，地方政府间在合作领域、合作策略等方面不断进行创新，不断提高合作治理的效能。因此，只有平衡中央与地方的关系，发挥两个层面的力量，才能推动跨区域治理纵深化、多维度发展。通过中央与地方权力的长期博弈，两者关系的反刍式调整，逐渐产生了两个维度的效应：一方面，地方政府与中央政府在向公民提供公共服务层面逐渐确定了合理的定位，地方政府拥有足够的行政权限展开区域间的联合行动和治理。地方政府间通过合作，提升社会治理的效能，以此获得更大的话语权，并借此抵抗来自中央层面的权力压力。另一方面，逐渐引入了市场机制、公民参与等新兴治理手段与治理范式。市场机制的引入要求地方政府间克服狭隘的区域主义而对跨区域的市场机制做出统一的安排，形成有利于资源自由流动的大市场空间形态，从而推动跨区域间的企业合作并参与社会治理。而公民参与是利益相关者谋求自身合理利益的重要手段，并对地方政府间的跨域合作提供智力支持。公民监督与反馈亦是地方政府对合作治理行为进行纠偏与提升的重要路径。

2. 保守党与工党的互动

在长期的执政地位之争中，保守党逐渐形成了"重中央轻地方""重市场轻政府"的执政风格，而工党则力求在中央与地方、国有部门与私有部门之间找到一个平衡点，两党的不同侧重点对于英国跨区域治理中职能的倾向性造成了显著的影响。

保守党政府秉持新自由主义的理念，倡导小政府、市场原教旨主义、线性式的现代化道路，在"经济行政"思想和"成本效益"原则的指导下，在规定行政管理的目标价值时，融入了经济因素，通过效率检查具体考察政府行为，将市场经济通用的原则引入政府行政管理。❶ 保守党认为，地方政府开支浪费极大，而且效率低下，依靠私营部门是解决这一问题的关键。"现代地方

---

❶ 陈国申：《从传统到现代：英国地方治理变迁》，中国社会科学出版社，2009 年。

政府主要职能是'适度'的管理，而不是自拥产业与民营企业竞争"，应当"扩大地方政府服务事业的竞标，也就是多分发给民间企业去做"。市场机制的引入，一方面强化了地方政府的相对竞争意识，地方政府间需要相互合作来提高资源利用率，增强公共服务供给的能力，由此来应对来自市场的挑战；另一方面也促进了公共部门与私人部门之间的融合与交流。例如，1978 年设立的圣海伦地区信托组织就是典型的公私合伙组织，该组织不但提供就业机会这一公共福利，还提供营利性质的商业资讯服务。因此，市场进入公共治理领域有利于促进跨区域治理朝着高效、集约、有序的方向加速发展，并转变单一的政府间合作模式，推动公共部门与私人部门的合作和跨区域治理模式的有机转变。

为提升地方政府提供公共服务的能力，工党政府主张加强地方政府职能，并且在全国普遍设立一级地方政府。工党把公民看作积极的参与者，布莱尔认为社会和社区成员对自己和他人担负同样的责任，为了建立一种"相关利益者的政治"，政府可以通过权力下放的方式"与希望更多权力的地区的人们结成新的伙伴关系"。建立中央与地方超越经济利益关系基础上的战略合作伙伴关系是工党政治主张的基本出发点，积极引入公益部门和公民团体参与社会公共事件的治理是工党在区域事务上的普遍追求，因为工党认为只有吸引利益相关者主体进入跨区域事件场域之中，才可以打破行政界限的禁锢，通过利益相关者之间共同利益的耦合来实现相关地方政府间行政资源的有效对接，并在地方政府跨区域合作治理的进程中构建利益分配和风险共担机制，不断寻求合作治理的平衡、高效发展。可见，工党对于地方利益与意志给予了更多的关怀。例如，大都会区区域内具有共同业务的邻近地方政府间，以其邻区意识为基础，建立跨行政辖区的区域政府，由此形成基层政府间的公共伙伴关系，为地区发展提供政策建议，协调区域间的利益关系，并以第三方的形式动员公民参与跨区域事务的治理，组建社会资源网络。

市场力量介入公共服务领域，一方面有利于满足居民多层次、多样化的需求，但在另一方面也对政府的行政绩效与行政权威造成了巨大的冲击。地方政府需要通过彼此全方位、深层次的合作来实现"最佳政府"与"合作政府"的价值导向，提升跨区域间的整体实力，以赢得居民用脚投出的选票。保守党与工党的博弈在很大程度上影响了政府与市场的服务领域、服务职能之争，而近年来两党越来越倾向于走一条折中路线——强调政府与市场的合作，以此满足公民的多样化需求，并借此争取更多的选票。由此，英国跨区域事务的合作治理出现了在以地方政府间合作基础上的地方间企业合作以及地方政府与跨区域企业合作的趋势。例如，诺丁汉市将本区域的公园维护、排水系统建设外包给临近的德尔逊市基础设施建设公司，以此实现跨区域界限、跨主体界限的"双跨式"合作，为地方政府间跨区域合作提供了新的思考方向与范式。

4.2.2 英国治理行为的优化管理

跨区域治理行为是英国整个跨区域治理模式的核心组成部分，跨区域的结构整合和绩效反馈都是为提高跨区域治理的行为效能服务的。事实上，英国地方政府间跨区域合作治理模式的治理行为主要表征为简化行政层级、构成中央与地方的合力，重组地方机构、扩大政策辐射范围，引进市场机制、整合公共和私人两大部门的职能，构建专门组织、提高政策执行力度四个方面。

1. 行政层级的扁平化发展

英国行政管理结构的扁平化发展趋势始终伴随着立法的完善。旨在简化郡内管辖的地方政府结构的《1894 年地方政府条例》，把英格兰 62 个郡划分成了 535 个城区、472 个乡区、270 个非郡自治市；而《1899 年伦敦政府法》把根据《1888 年地方政府条例》成立的伦敦郡分成了 28 个自治市和 1 个伦敦城，分别建立民选的议会，进一步完善了伦敦郡的地方政府结构。另外，"《1900 年城镇议会法》要求所有的自治市要设立民选议会，从而在苏格兰建立了现代地方政府体系，从此英国形成了三级现代地方政府管理体制。"[1] 撒切尔政府和梅杰政府以减支增效为目的，在更大范围内进行了以单层地方政府代替郡。地方政府的改革的结果是，在英格兰建立起 46 个单层地方政府，但仍保留了 238 区和 34 郡；在苏格兰和威尔士则实现了全部重组，形成新的单层地方政府体制，"苏格兰建立了 32 个单层地方政府，威尔士建立了 22 个单层地方政府。"[2] 单层地方政府的建立简化了中央与地方之间的层级关系，减

---

❶ 陈国申：《从传统到现代：英国地方治理变迁》，中国社会科学出版社，2009 年。
❷ ［英］比尔·考克瑟：《当代英国政治》，孔新峰，蒋鲲译，北京大学出版社，2009 年。

少了行政单位，增加了辖区人口，这一方面减少了行政开支，另一方面也增强了中央与地方在应对跨区域事件时的政策耦合度。行政层级的扁平化发展也为中央与地方层面的有效互动提供了一定的契机。在此之间，由地方政府和中央政府派出代表，以及相关专家学者所组成的政策社群成为中央与地方就跨区域治理事务进行交流的重要平台，其中专家学者扮演着重要的中介体角色。例如，专家学者通过对边界流域的考察，基于地方利益的整合，形成关于流域涉及地方政府间联合开发与治理的倡议书，并将倡议书提交政策社群组织进行讨论，使最后之政策能真正意义上实现地方意志与中央意志相融合。

扁平化的层级关系，也即是中央政府放权于地方政府，这使地方政府在选择合作对象、合作方式以及合作程序等方面有了更大的自主权。地方政府基于应对来自市场的挑战、优化自身职能、满足公民多样化需求等方面的目的，自主地选择与相关联的其他地方政府进行全方位的合作，通过高耦合度、高效率的政策来促进跨区域合作治理效能的提升。

2. 地方机构的团块状发展

19 世纪末 20 世纪初机构重组的主要任务是取缔特别区政府，简化地方政府体系，实践以综合性地方政府提供平等服务。20 世纪 60—70 年代的地方政府重组的主要任务是进行了大范围的地方政府重组，以实现社会服务的规模效率。在地方机构团块状的发展历程中，大伦敦市的建立可以作为一个典型。

经赫伯特皇家委员会调查论证发现，伦敦郡的公共服务由伦敦与域外地方政府共同完成，而这些域外地方政府已经远远超出原来的伦敦市的辖区范围，由此造成了强烈的边界冲突和资源争夺问题。撤销伦敦郡和米德尔塞克斯郡，建立大伦敦市政府，成为该委员所提交的报告的核心观点与建议。基于此颁布的《伦敦政府法》于 1965 年生效，建立大伦敦议会（Great London Council, GLC）得到法律的保障。大伦敦议会下设 3 个伦敦自治市议会和 1 个伦敦城议会，其中 12 个自治市和伦敦城共同组成内伦敦，其余自治市构成外伦敦。❶大伦敦议会负责整体性、全局性的公共服务，例如区域的医疗卫生建设、公路

---

❶　孙宏伟、谭融：《论英国地方自治体制的发展与变革》，《内蒙古大学学报（哲学社会科学版）》，2014 年第 3 期。

维修以及河道整治等；而各地方政府负责各辖区内具体的公共事务，例如垃圾站的建设和维护、图书馆的日常管理等。大伦敦市的建立，有利于解决伦敦及周围一些市区在公共事务治理上的碎片化问题，能够有效促进政策的执行力度，提高跨区域治理政策的效能。

在地方机构团块状发展的进程中，主要表征的是地方政府与利益相关者意志的凸显，而中央意志被相对边缘化，为了实现对地方跨区域事务的有效监管，中央试图通过中央式协调规划，塑能结构和法律授权，联合规划和联合财政等途径在中央与地方之间建立一种共识与协作理念。例如，作为中央政府资助机构的区域环保署，由于其主要资金来源为中央财政，而其主要职能的发挥必须建立在与相关地方政府公共部门合作的基础上，因此中央政府在区域环保署中具有绝对的话语权，而地方政府的意志亦能在很大程度上影响区域环保署的职能发挥与绩效水平。

3. 服务机制的市场化发展

跨区域治理的市场化发展的具体手段主要包括国有企业的市场化和公共事业的市场化两个方面。比如，撒切尔夫人在 1979 年竞选时就承诺要"将最近才国营化的英航太及造船业出售给民间，让员工有机会认购股票"，还要"将全国运输公司的股票出售给一般大众"❶。在公共事业的民营化方面，英国电信则成为第一个民营化的公共事业。市场介入跨区域治理，有利于强化竞争环境，促进治理措施趋向于满足公民需求的方向发展。

保守党看到了自由竞争对提供公共服务的益处，因此针对地方权力部门的一些特定服务提出强制性竞标（Compulsory Competitive Tendering）的原则，有效降低了地方服务的成本，也使英国的跨区域治理产生了重要转变，出现大量地方准自治政府掌有以往地方政府所拥有的服务功能的状况。由此，跨区域治理主体扩展为地方政府、企业和各种私人部门，并在地方政府与私人部门之间形成新的合作关系，使地方政府成为公共服务的掌舵者。❷

---

❶ ［英］肯尼斯·哈里斯：《撒切尔首相传》，职工教育出版社，1989 年版，第 215 页。

❷ 孙宏伟、谭融：《论英国地方自治体制的发展与变革》，《内蒙古大学学报（哲学社会科学版）》，2014 年第 3 期。

公共服务的市场化倾向发展使地方政府的公共服务能力与水平受到来自市场的力量的巨大挑战，因此，地方政府趋向于通过相同行政级别的政府之间的合作来增强自身公共服务供给的综合能力。另一方面，地方政府也将市场机制所带来的公共服务效能作为与中央政府"叫板"的政绩筹码，因此，地方政府在强化彼此间合作应对市场挑战的同时，通过协调跨区域间的市场机制，形成统一的准入、退出标准，市场主体的市场行为通过严密的市场规则来规范，并通过对市场主体的监管来强化地方政府相对于市场主体的话语权。可见，市场主体在跨区域事务中的活跃，促使地方政府从应对市场挑战以维护自身话语权，和引导市场力量并以此与中央权力相博弈两个维度进行深层次的交流与合作。

4. 机构建设的多元化发展

根据新建机构的服务范围，可划分出社区团体、区域发展机构和区域政府三种不同服务范围的组织。

公民参与社会治理的重要组织是社会团体。社会团体往往由某一公共事件的直接利益相关者构成，一方面，作为一个独立的组织向政府表达自身的观点与主张；另一方面，积极参与社会治理，不仅仅作为一种发声筒，而是一种运行机制。例如，住房协会是社区团体中最为积极的一个角色，成为新住房政策实施过程中的伙伴，并从地方政府手中接过了旧房的抵押服务。1986年住房协会法还授权较大的协会有权建设、拥有并提供出租服务，并可以代表地方政府进行修缮、管理房产。

1998年，工党政府通过"区域发展机构法"，在以往单层地方政府的基础之上，创建了新的区域发展机构。区域发展机构主要是为了解决区域组织和政策的碎片化问题而设立的。各级政府自愿组成的"府际关系互动论坛"，彼此间互为各地方当局或其他公共部门的代表，以使政策的执行和规划能得到充分的辩论与协商，并借此监督此项特殊政策领域。随着跨区域事务的复杂化发展，"府际关系互动论坛"之中又衍生出地方政府联合委员会这一机构，并主要分为纯联合委员会和混合联合委员会两种形式。前者是单纯的管理性质委员会，单纯由研究某项政策的各级政府代表所组成，因其财政预算受到地方政府掌控，因此地方政府对其代表组成及委员会的日常运作具有决定权，例如偌福克博物馆联合委员会。而混合型联合委员会是由各地方政府、中央政府和其他公共部门组成的，其讨论的对象更为广泛，涉及区域间城市发展规划、环保、公共医疗卫生等。这类机构肇始于 1976 年的格拉斯哥东部更新计划，并在此后得到广泛运用与发展。

4.2.3 英国治理绩效的反馈管理

跨区域治理的绩效反馈是一个建立在反映公共事件利益相关者需求，促进跨区域治理行为效能基础上的圈层循环模式。首先要通过多渠道的民意表达机制收集利益相关者的需求，其次要在综合治理的价值导向下构建"最佳政府"，再次是要通过完善的法律手段来监督跨区域政策的落实，最后运用互联网等技术实现信息的反馈，由此形成一个封闭的内循环模式，通过跨区域治理绩效的层层反馈，不断推动地方政府间跨区域治理行为效能的螺旋式上升。

1. 多渠道的民意表达

首先是依据协商民主理论构建的论坛。协商民主理论强调政府与公民以及公民之间的互动，主张在一个共享性的平台上，各类群体相互交换意见。各类群体主要是指公共事件的利益相关者，包括某些特殊服务的接受者、特定区域的居民、对某些特别问题有兴趣的个人、有某种共同背景的特定人群（如少数族裔等）。

其次是临时性的咨询方式。这种方式以所有人都应该有为涉及自身的事情发声的权利为其基本理念。由于跨区域公共事件的一个很显著的特征就是突发性，因此，针对这类事件的利益需求收集就应该体现临时性、反应灵活的特点。这种方式往往采取网络征询、电话征询等高效快捷的方式。"1998 年英国工党政府发布《地方民主与社区领导》，强调为使当地民众主动参与公共事务，地方政府应以各种咨询方法提供最大机会，并对民众呼声做出适当回应。"❶ 这就使市民对涉及公共利益的事务有受咨询的权利得到了法律上的认可。

再次是组织化的咨询方式。这主要是指为鼓励公民对与他们自身或社区息息相关的问题表达意见而进行的参与程序创新，比如公民顾问团、愿景表达、

---

❶ 蔡定剑主编：《公众参与：欧洲的制度和经验》，法律出版社，2009 年版，第 26 页。

社区规划方案建议等。政府专门成立了公民评论小组，对政府在与公共生活领域密切相关的服务领域中进行民意调查，并在反馈信息的基础上提出改进建议，以政府促进部门合作，推出整合服务。因此，民意表达实质上是公民对地方政府间跨区域合作效果的评估与反馈，而为了使评估结果更加科学，政府应当组织相关专家学者、公民代表制定完善的合作效果评价指标，其中，应当给予地方政府间政策的匹配度、政策落实的效度等指标较高的比重，而评价者，即利益相关者群体则对每项指标给出客观公正的分数，最后计算地方政府在跨区域合作领域的综合得分，以此作为合作效能评定的依据。

2. "最佳政府"的价值导向

新工党政府的"环境、交通与区域部"于1998年发布了《地方政府现代化：以最佳价值模式改善服务绩效》的咨商性文件，提出了最佳价值模式的服务模式；1999年地方政府法修订中将最佳价值模式进行了法制化，要求以此取代强制性竞标制度。"最佳价值模式的目标被概括为了3E原则：经济、效率和效力（Economy，Efficiency and Effectiveness）。最佳价值模式要求地方政府在提供服务时必须做到4C要求——挑战、比较、咨询、竞争（Challenge，Comparison，Consul，Compete），即要求从以上四个方面进行反思。"❶

可见，最佳价值模式最关键的问题是，居民对政府提供的公共服务的满意度，政府服务的提供是否符合3E原则。"最佳政府"即是要求政府以居民的真实需求作为服务供给的出发点，围绕公民的需求来提高服务质量，政府公共服务的提供实现从生产导向型向消费导向型的嬗变，公民不只是公共服务的被动接受者，而是公共服务要求的主动制定者与提出者。正是由于公共服务视角的变化，政府将要面对多元化、异质化的公共服务需求，这也就导致单个地方政府无法高效地满足居民动态化的公共服务需求，因此需要地方政府跳出狭隘的地方保护主义思维禁锢，整合多方资源，制定同向性政策，构建政策社群，形成政策合力，以地方政府间跨域联合供给的方式满足居民需求，从而构建"最佳政府"。例如，地方策略性伙伴关系即是要通过地方政府高层领导的定期会晤，增进政治互信，并就区域公共资源的开发、公共服务的联合供给达成

---

❶　[英]杰瑞·斯托克：《英国地方政府治理的新发展》，《中共浙江省委党校学报》，2007年第1期。

一致。基德明斯特与伍斯特就在边界区域联合建立了公共图书馆。该图书馆的藏书量与基本服务设施质量比原来的单区域老图书馆均有了显著的提高，而两地的居民只要凭借市民卡就能在图书馆中免费借阅。有一点值得关注，该图书馆的设计通过外包的形式实现，即多个营利性的设计单位对于公共图书馆这一公共服务项目的设计方案进行竞标，最终地方政府将通过有偿的形式获取中标单位的设计方案。可见，在基德明斯特与伍斯特公共图书馆的建设过程中真正实现了地方政府间行政资源的有效融合与对接，并引入营利部门实现服务能力的高效化发展。

3. 深层次的法律保障

英国通过不断完善的法律体系对跨区域治理行为的实施实行监督，保障相关利益者的合法权益，促进地方政府间的深层次合作。

1999 年的《地方政府法》，要求英格兰等地的地方政府在日常的行政中必须征询居民意见，并以此为基础进行服务改进。"2000 年《地方政府法》对地方政府制订地方发展计划的权力有所扩展，中央不再进行逐一的批准与审核，只是加了一些限制条件。"❶ 此外，2003 年的《地方政府法》强调简化中央对地方的监督程序，并给予绩效良好的地方政府在税收等领域以更多的自主权。

英国通过多层次的法规政策维护了地方在处理公共事务中的主动权，使地方政府能够自主地选择合作的对象与合作的方式，同时也切实保障了相关利益者的知情权与表达权。

4. 科技化的信息反馈

信息技术是改变中央与地方、地方政府之间以及政府与公民之间相断裂的状态的最佳方式，通过信息技术能有效促进跨区域合作治理策略自上而下的表达和利益相关者声音自下而上的传播，从而促进公共事件多个主体相互间的共同交流，进而推动合作治理的有效展开。

信息技术对于跨区域治理绩效的反馈作用主要体现在以下几个方面：首先，中央政府与地方政府之间的联系得以加强，促进了公、私部门之间合作进

---

❶ 龚文婧：《英美地方自治制度比较研究》，中共中央党校学位论文，2011 年。

行公共服务输出❶，这有利于公共信息在中央与地方、公共部门和私人部门四个不同层级之间的有效流通，使信息传播不对称问题得到了很好的解决；其次，政府服务质量依靠信息技术提高，科技为打造"合作政府"提供强大的支持，如全国医疗系统使用 IT 技术改变医疗服务的输送方式；最后，通过信息技术，在全国范围内建立了一个信息反馈平台，打破了信息传播的区域界限，呈现了跨区域治理的优秀案例，提供了跨区域治理绩效的评估模型。

高效的信息技术反馈显著促进了区域信息的共享，为地方政府间的跨区域合作构建了畅通的信息场域，地方政府间通过对合作治理的优秀案例的学习来相互磨合，促进合作政策的匹配度和有效性。

4.3　多维圈层模式：基于日本地方政府跨域治理的分析

日本跨域治理模式具有导向目标明确化和治理机制层级化的鲜明特点，进而形成了圈层式的跨域治理模式，即处于治理模式核心的价值目标发挥重要的导向功能，处于内层的主导机制产生支撑效应，而处于外围的共建措施则是整个地方政府间跨域合作治理模式中的重要保障机制。日本的跨域合作治理模式尤其强调联合政府的构建，以此形成提升治理效能的合力。此外，还重视通过完善的立法对地方政府间合作进程中的成本分摊、风险共担、利益共享机制做出明确规制。

4.3.1　日本跨域治理的核心目标导向

价值目标的导向处于日本跨域治理圈层结构的核心，无论是内层的主导机制还是外围的共建措施都是围绕核心目标导向进行运转的，合规律性的导向目标的设立能有效增强治理政策的目的性，减少政策落实过程中的偏差进而减少偏差纠正的经济与社会成本，即在治理成本的约束下实现核心目标的最优解。日本跨区域治理模式的核心目标导向按主体划分可以解构成政府职能优化、居民需求满足和社会治理提升三大类。

---

❶　罗恒：《西方国家政府机构改革的研究及启示》，《甘肃行政学院学报》，2004 年第 12 期。

1. 政府职能优化导向

跨域治理政策的有效落实对政府职能优化的价值是多方面的。首先，从财政压力方面考察，"地方财政的财源自 1994 年以来持续不足，而且不足额逐年扩大，2000 年度地方财政不足额超过了 13 万亿日元。而且地方政府为刺激本地的经济发展和弥补财源不足不得不大量借债，至 2000 年年度末，日本各地方政府借债已达 184 万亿日元。"❶ 在这种情况下，也是各地方政府客观上通过建立跨域行政协调制度来提高工作效率，更好地为附近居民服务的动因。

首先，跨域治理将公民团体和社会公益组织作为与政府部门相合作参与共治的重要主体，这能够有效降低公共部门直接治理的经费支出。其次，从政府行政效率方面考察，市町村的裁撤减少了大量冗员，并在跨区域治理中设置临时性的治理组织，增强了治理人员的专业性与灵活性。这种临时性的组织独立于常设的垂直化的科层制体系之外，整个组织结构呈现出扁平化的趋向。这一方面能减弱传统行政利益集团的干扰，另一方面能有效提高政策的执行力，最终提升政府行政效率。最后，从政府与民众的互动关系考察，跨域治理表现出显著的地域密切性和立即适应性，治理者密切联系着地域实情和居民意愿，能够更快地熟知地域实际情况和居民的需求，能够及时做出调整，做出顺应地域实情和居民需求的行政活动❷，保障了公民对于公共事件的知情权与表达权，提高了公民在公共事件中的参与度，这能有效提升相关政策的公众认可度，提高公众对政府的信赖感，增强政府的权威与公信力，最终融洽政府与公民的关系。

地方政府间的合作是出于自身职能优化的需要。合作的过程是对比的过程，个体行政单位在反应能力、应对效力、监管力度等方面与其他地方政府进行比较，从而更加全面地审视自身的行政能力。合作的过程也是学习借鉴的过程，地方政府要在跨域合作中积极汲取其他地方政府在各个方面的优势，以此来提升自身的整体水平。

---

❶ 傅钧文：《日本跨区域行政协调制度安排及其启示》，《日本学刊》，2005 年第 5 期。

❷ 龙志平：《日本地方自治与广域行政》，华中师范大学硕士论文，2007 年。

2. 公民需求满足导向

跨域治理模式对公民的需求满足主要体现在基本公共服务需求、休闲娱乐需求和政治参与需求。首先，克服行政体制地域区划的障碍是跨区域治理的主要目的，联合公共事件涉及的多个同级地方政府的力量，推动交通、医疗卫生、教育等基本公共事务的有效解决，以满足公民的基本公共服务需求。其次，人们对行政的要求随着生活水平的改善而不断提高，而且其需求日益多样化。例如，随着休闲时间的增加，公民对公园、图书馆和博物馆等公共文化娱乐设施表达了远高于以往的需求倾向。而临近的几个地方政府来共建这些文娱设施，一方面可以提高这些设施的规模和质量，另一方面也可以避免设施反复建设，在满足公民文化娱乐需求的同时，减少财政支出。最后，随着公民政治素养的提高，现代性意识的增强，公民对于在公共事件中主体地位的确立，利益观点表达的呼声越来越高。当合并请求市町村或合并对象市町村的议会否决协议会的设置时，只需合并请求市町村的住民投票即可，无须合并对象市町村的表态。❶

满足居民的需求是地方政府进行合作的出发点与落脚点，在这个"用脚投票"的时代，只有充分尊重、满足公民需求的政府才能受到公民的认可与选择。而现代公民的社会需求往往是多方面、多层次的，与其相适应的供给水平往往超出了单个行政政府的能力。因此，需要地方政府间加强交流与合作以共同满足辖区居民的合理需求。

3. 社会治理提升导向

社会治理价值导向主要表现为治理主体的多元化、治理策略的多维性和治理内容的丰富性。首先，随着公共经济管理的难度越来越大，地方政府独立解决经济问题的可能性越来越小，因此构建跨区划公共经济管理机制成为解决公共经济问题的重要手段。

另外，跨域治理模式还应引入私人部门与第三部门参与社会公共事务的治理，形成三元治理主体的互动。针对私人部门，公共部门应当基于其逐利性的

---

❶ 江芯：《论日本的市町村合并》，湖南师范大学硕士论文，2012 年。

特点实行相关事务的外包，提高治理效率；针对公益部门的无偿性特点，公共部门应加大其政策鼓励与财政支持。其次，治理策略呈现出明显的层级化倾向，突出表现为内层主导机制和外围共建机制。市町村的合并能有效精简行政机构，提高行政效率，跨域治理多政府共管机制的完善能有效联合相关地方政府的力量，形成共治的合力，公共部门、私人部门和第三部门间的互动和融合能够形成全社会共治的氛围。此外，跨域治理利用广域都市圈、地方公共团体间各种协议等形式，促进公共服务的具体化和多样化，满足人们的要求。

社会治理能效的提升是地方政府间跨域合作的重要驱动力，地方政府围绕如何提升社会治理能效展开多维度、深层次、全方位的合作，强化彼此政策的匹配度和贴合度，以期形成合作治理的合力。

4.3.2　日本跨域治理的内层主导机制

内层主导机制作为日本跨域治理圈层模式中的过渡圈层，是核心目标导向与外围共建措施的连接带，由于贴近核心目标，内层主导机制是对核心诉求的直接回应与表达。由于联结外围共建措施，内层主导机制又提供着政策导向，因此，内层主导机制构成了整个治理模式的主体框架，这一主体框架主要由市町村合并、大都市广域行政圈的构建、协调机制的设置和三大部门的互动这四大支柱构成。

在日本，"广域行政"是跨域治理的简称。广域行政有狭义和广义之分。广义的广域行政的具体范围视实际情况而定，泛指地方公共团体之间的关系。狭义的广域行政是指地方公共团体依法进行事务的协商与处理。❶ 本研究采用的广域行政是广义的。

1. 市町村合并

在日本广域行政的进程中，出现了三次大规模的市町村合并。第一次是明治大合并。1868 年明治维新以后，日本颁布了近代市町村法——《市制町村

---

❶　村田敬次郎：《新广域行政论——明日地方自治》，东京第一法规出版株式会社，1965 年。

制》❶，并在此基础上进行了明治大合并这是日本首次在全国范围内进行了市町村合并。明治大合在法律上并不具有强制性，而是根据各都道府县的实际情况进行，以利益相关者的价值诉求为重。

第二次昭和大合并肇始于日本 1953 年制定的《町村合并促进法》，后又在 1956 年制定《新市町村建设促进法》，完成其他区域的市町村的合并。昭和大合并充分尊重市町村自主性，根据市町村议会议决，由都道府县的知事来决定。第三次是平成大合并，开始于 1999 年，其态势一直延续到 2010 年。

2. 大都市广域行政圈

大都市周边地区广域行政圈于 1977 年设立，现共有大都市周边地区广域行政圈 24 个。❷ 日本总务省在 1969 年以后在全国范围内设立了广域行政圈，在其机构框架内，协议会及事务组合等制度得到了应用。❸

随着交通及信息的发达，人民就业、就学、医疗、购物及休闲等生活圈活动，均超越原有市町村行政区而广域化。作为研究课题《因地域社会变动市町村行政采取的措施——集中焦点于中心都市与周边市町村的功能分担与合作进行说明》的成果的《关于因地域社会变动市町村行政采取的措施之调查研究报告书》在昭和四十二年（1967 年）3 月被提出，并将"都市生活圈设定为以追求建设高效率生活环境为目的的区域"。于昭和五十二年（1977 年）颁布的《第三次全国综合开发计划》和《大都市周边地域振兴整备措施纲要》，进一步提出了划设广域市町村圈的具体措施，并从"在地理与行政上具有历史联系""圈域内人口规模大约 40 万人的现实要求"以及"能够描绘出一体的未来愿景"提倡新的定居构想，以谋求人口及经济的和谐发展，实现区域间的协调发展。

3. 协调机制的设立

协调机制是行政区域的整体结构不受影响的情况下，采用组合、地方开发

---

❶ 和田英夫：《合并分町问题的理论与实态》，转引江芯，《论日本的合并分町》，湖南师范大学学位论文，2012 年。

❷ 傅钧文：《日本跨区域行政协调制度安排及其启示》，《日本学刊》，2005 年第 5 期。

❸ 牛山久仁彦：《广域行政与自治体经营》，行政出版社，2003 年，第 23 – 34 页。

事业团、协议会等方式，发展出跨越一个地方自治团体区域，形成加以统一、整合处理的行政制度。❶ 协调机制可以分为强调制度安排的协调制度和强调实际操作的协调机构。

（1）协调制度

委托：《地方自治法》第252条第14款规定，地方政府可以跨区域与另一地方政府签订协议，将一部分事务委托给另一个地方政府处理。❷ 委托的主要表现是资金的转移和责任的有限转移。委托往往是相互的。例如，甲政府把基础卫生委托给乙政府，而乙政府将环境治理委托给甲政府，这样就形成了同级政府之间的互动，也强化了治理合作化与专业化的趋向，提高公共治理的效能。

部分事务组合：《地方自治法》第284条第2款规定，地方政府之间可以共同设立一个部分事务组合专门处理地方政府部分事务，前提是必须达成协议。❸ 相对于都道府县和市町村这类普通地方团体，日本《地方自治法》将部分事务组合划分为特别地方团体。该组织拥有独立的经费来源与人事任免权，即部分事务组合是在不改变原有的行政区划基础上形成的行政权独立但地域上涵括多个区的公共事务治理组织。该组织以改善居民生活水平为基本出发点，主要解决公共卫生、医疗、环保、教育等公共事件。

地方公共团体之间的协定：这种形式有《防水法》（即防汛法）和《消防法》等规定。这种协定实质上是地方政府间在特殊时期，尤其是在面对洪涝、地震等突发自然灾害时进行协作互助、无偿支援的保障机制。某政府在其他地方政府需要帮助时整合本辖区内的社会力量来进行无偿援助，以换取自身在面对突发灾害时收到的援助，由此提升地方政府间的关系，提高互助、互信程度。

（2）协调机构

设置共同机构：《地方自治法》第252条第7款至第13款规定，地方政府

---

❶ 邱力生、赵宁：《我国跨区划公共经济管理机制形成探索——借鉴日本广域行政的经验》，《广州大学学报（社会科学版）》，2010年第2期。

❷ 傅钧文：《日本跨区域行政协调制度安排及其启示》，《日本学刊》，2005第9期。

❸ 同上。

之间可通过协议共同设立委员会并安排专职委员。❶ 共有性和临时性是这类共同机构最大的特点。为应对突发的公共事件，事件涉及的相关地方政府倾向于共同建立一个临时机构，这一方面可以避免冗员的出现，另一方面可以提高职员的专业性和灵活性。这类机构应对的是涉及范围广的突发事件，一旦事件解决，该机构一般也会被裁撤，这就大大减少了非必要经费的支出。

区域开发事业团：《地方自治法》第 298 条规定，几个县可以共同成立旨在对跨区域基础设施进行开发的区域开发事业团。❷ 区域开发事业团在长期的演化过程中逐渐形成了以下特点：以相关县议会表决通过为前提，以总务大臣和相关县知事批转为标志；以公共事业前期开发为着力点，一般不涉及后期管理；与公共事务具有同步性，一旦开发完成，该事业团即被裁撤，力求机构的高效性与实用性。

地方行政联络会议：该会议是依据《地方行政联络会议法》成立于 1962 年，旨在通过加强地方政府之间的横向联系，促进跨区域行政的实施，同时有助于地方自治向跨区域发展。

4. 三大部门互动

政府只是作为跨区域治理的一级存在着，高效的跨区域治理需要实现公共部门、私人部门和第三部门之间的互动，即实现私人部门与第三部门被动式参与到主动式合作的转变。而私人部门与第三部门的积极、高效参与是以地方政府间良好的合作机制为基础的，因此，三大部门互动实质上是对有效的地方政府间合作的制度诉求与机制表征。

公共事务的外包是公共部门与私人部门之间的关系的主要体现。在日本的公共服务领域，政府与公民并不是简单的提供者与接受者的关系，公民既享受政府的公共服务，由公民构成的私营团体也接受政府的公共事务的外包，而作为公共治理的参与者合规化地存在着。外包的对象可能是本行政区的私营团体，也可能是非本行政辖区内的私营团体，为了实现专业化的外包与承包相对接，每个行政辖区内一般有其固定承包种类的私营团体，这就使外包与承包关

---

❶ 傅钧文：《日本跨区域行政协调制度安排及其启示》，《日本学刊》，2005 第 9 期。
❷ 同上。

系往往越出单个行政区域而成为跨区域关系，因此急需加强相关地方政府间的交流与合作。故外包关系事实上也是对地方政府间合作能力的一种考验，因为需要相关地方政府协商外包的收费标准、验收标准以及后期的维护标准，制定统一的规范以使"外包"作为一项创新制度具有高度的可操作性。另外，更为重要的一点，日本地方政府往往存在这样的惯例：地方政府为本行政辖区内获得政府认可的私营团体在对外承包过程中提供一定的信誉保证，也即是说，外包不仅是地方政府间通过交易方式实现公共服务完善的一种手段，更是地方政府间信誉的交换与共建，这就通过外包深化了地方政府间的互信与合作。

新公共管理（NPM）式的改革是为了解决 20 世纪 90 年代地方政府遭受财政短缺应运而生的，并于 2001 年被日本中央政府正式运用到其结构性改革的基本政策中。"在严格规定政府官员和公民角色分工的行政法系统下，行政机构是收费和发行许可证的唯一机构。"❶

公共部门与第三部门之间的关系主要表现为政策支持和资金保障。近年来日本政府积极鼓励、支持、引导第三部门进入跨区域治理领域。一方面，政府部门给予第三部门政策支持，降低第三部门的准入门槛，完善退出机制，引入利益分配和补偿机制，并构建对第三部门参与跨区域合理绩效的评价体系，主要涵括路径的可持续性、公众的满意度、措施的合规性等指标；另一方面，实现政府财政向第三部门的隐形倾斜，加大对第三部门参与治理的财政补贴。第三部门最显著的特点就是社会性与跨区域性，公益部门的成员往往由不同行政区、不同职业领域的人构成，并且在不同的行政区域内设立分支机构。因此，引入第三部门参与跨区域事务合作治理的首要前提就是相关地方政府对第三部门的准入、扶持以及退出等方面制定统一的标准，这就强化了地方政府间基于促进第三部门作用的发挥而进行必要的协商、交流与合作。

4.3.3　日本跨域治理的外围共建措施

相对于内层主导机制而言，外围共建措施虽然在日本跨区域治理的圈层体系中处于边缘，但其作用却始终未出现边缘化的趋势。而且，随着治理范围的

---

❶　Masao Kikuchi 著，刘新萍译：《日本地方治理面临的新挑战：权力下放、"聪明买家问题"和日益复杂的问责过程》，《复旦公共行政评论》，2009 年第 1 期。

扩大和治理要求的提高，外围共建措施始终围绕核心导向目标运转，并对内层主导机制的保障和支撑作用也越来越明显。日本政府极其重视对地方政府间合作的支撑措施。例如，在法律层面通过立法使"广域行政"作为一项法律认可的制度而存在，为"广域行政"的有效落实提供了法律保障。

1. 法律规制

完善的法律体系为日本跨区域治理提供了明确而规范的运作流程，也提高了治理政策的执行力度，这就使日本地方政府间合作在深度、广度以及频度等各个层次有了切实可行的法律依据。

表4-2　促进日本广域行政发展的几部重要法律

时间	法律	主要内容
昭和二十八年（1953年）	市町村合并促进法	规定市町村合并程序
昭和四十年（1965年）	地方行政联络会议法	成立地方行政联络会议
昭和四十四年（1969年）	新全国综合开发计划	建立广域生活圈
昭和五十二年（1977年）	第三次全国综合开发计划	划设广域市町村圈

除了表4-2所列举的几部较为关键的促进日本广域行政发展的法律外，日本政府还颁布了《新市町村建设促进法》《地方自治法》《市町村合并特例法》《合并特例法施行规则》等一系列法律，使日本的市町村合并有了完善的法律保障与规制。相关资料显示，到昭和三十一年（1956年）3月全国已减少5465个町村，新设210个市。另外，这些法律还对地域规划、自治管理、公务员管理、财政治理、居民管理等做出了详细的规定。

完善的法律规制是日本"广域行政"最重要的保障措施之一，通过法规政策对政府间合作的成本分摊、风险共担、利益共享等方面也做了较为详尽的规范，使日本地方政府在跨区域合作时有据可循、有法可依。因此，各项法律规制是提高地方政府间合作贴合度的凝聚剂。

2. 资金筹集

充裕的资金是开展跨区域合作治理的基础与前提。就整体而言，"日本'广域联合'从为特定人群提供服务而收取的资金占61%，国家和都道府县的

补贴占 13%，其他创收占 9%，地方债券收入占 6%，财产收入占 0.2%，其他收入占 11%。"❶

税收是跨区域治理经费最稳定的来源，合并后的市町村在整体区域内实行统一征税。"现行地方税法上市町村须缴税种包括法定普通税、目的税及其他法定外税。"❷

公益性的捐赠是跨区域合作治理经费的重要补充。由于日本政府对公民与企业团体的捐赠行为实行税收减免政策，因此，日本公民与企业普遍拥有较高的捐赠热情，这就可实现国家财政向跨区域治理的隐形倾斜。另外，为提高跨区域治理的市场化趋向，政府将部分公共事务外包，如教育、环保等项目。在这一进程中，政府只作为中间人角色促进资金的转移，一方面向公共服务享受着征收一定的税金，另一方面将这些税金作为公共事务外包的启动资金，这就有效降低了政府的财政压力。

多渠道的资金来源使日本地方政府间跨域合作的资金链得到巩固，在减轻政府财政压力的同时，也降低了跨区域合作的效能因地方财政供应不稳定而减弱的潜在风险，进而强化了地方政府间合作的平稳性。

3. 多层监管

有效的监管能够加强核心目标的导向性，保证治理措施始终按照既定方向和轨迹运转，降低偏差的可能性，也就减少了纠偏的治理成本。另外，监管是绩效反馈的必然前提，是对正在进行的治理措施的监控与反馈，也为下一轮治理措施的制定提供了必要的理论与经验。这就在跨区域治理模式中形成了一个封闭的内循环机制，为治理效能的螺旋式提升创造了内生可能性。

在地方政府跨区域合作治理中，利益相关者作为治理客体是作为监管主体呈现的，而政府这一治理主体则是监管客体的表征，即是被监管者。要提高监管的绩效，最重要的是被监管者治理信息的公开，例如公开"广域联合"议会召开的信息、议会会议记录、预算和决算等内容。❸

---

❶ 傅钧文：《日本跨区域行政协调制度安排及其启示》，《日本学刊》，2005 年第 5 期。
❷ 江芯：《论日本的市町村合并》，湖南师范大学学位论文，2012 年。
❸ 傅钧文：《日本跨区域行政协调制度安排及其启示》，《日本学刊》，2005 年第 5 期。

另外，监管主体的监管素养与监管能力也是影响监管绩效的重要因素。这就要求利益相关者强化自身的主体意识，利用各种渠道表达自身的价值诉求以影响公共政策。而在涉及多治理主体的跨区域事件中，政府又往往扮演着治理主体与监管主体的双重身份，即政府一方面只是作为治理主体之一存在着，另一方面又与公共事件的利益相关者共同构成监管主体，私人部门、第三部门等治理主体必须向政府提供治理策划、实施路径、基本目标，以供政府监管。

4.4　经验小结

他山之石，可以攻玉。国外地方政府区域间跨域治理合作在长期的历史性探索中，取得了丰硕的实践经验与理论成果，在区域间跨域治理合作的动因机制、价值导向、保障策略等方面都形成了各具特色的模式。美国、英国和日本三国的区域间跨域治理模式在立足本国现状的基础上又存在着广泛的普遍意义上的借鉴价值。美国基于其地方政府碎片化的事实，着力构建促进地方政府在经济、科技、文化教育、医疗卫生等方面整合的保障机制；英国地方政府区域间跨域治理模式则表征为权衡与平衡的特点，注重在协调中央与地方关系、工党与保守党的基础上促进地方政府跨域合作机制的动态稳定；日本则更强调构建地方政府区域间跨域治理的价值导向机制以提升跨域治理策略的目的性与针对性，最终促进地方政府跨域合作效能的螺旋式上升。我国地方政府需立足本土实情，有选择地吸收与借鉴国外地方政府跨域治理经验，并逐渐形成具有本土特色的地方政府间跨区域合作治理范式。质言之，根据成渝地方政府的实际情况，对于国外经验的借鉴需要在"三制"上创新与优化。

首先是地方政府间跨域合作治理"制度"的设计与安排。所谓的制度即是对于跨区域治理所做出的顶层设计与一系列的准则规范。这就要求进一步深化成渝经济区的整体布局与规划，对于经济区的发展目标与方向，经济区中双子星——成都与重庆的关系要合理调整，着力构建由相关地方政府派出代表所组成的成渝经济区开发管理机构。具体负责经济区内各项政策法规的起草、政策法规必须体现两大原则：一方面是"风险共担，利益共享"，强调成渝经济区的社会综合治理效果，厘清中心城市与边缘县市的相互关系，政策要适当向边缘郊县倾斜，构建成渝经济区地方政府间的合作共生关系；另一方面是"需求导向，创新驱动"，强调对利益相关者合理需求与利益的尊重与保障，通过创新改善公共服务的提供策略，通过创新促进经济区内信息的高效、即时流通，通过创新提高治理绩效的测评效度。

其次是地方政府间跨域合作治理"体制"的选择与优化。所谓的体制即是要厘清成渝经济区跨域合作治理多元主体的职能与相互关系，形成更完善的行动者支持网络。治理主体的发展方向理应是多元化，当然，需要坚持以地方政府间合作为基础，营利部门合作为主干，公益部门合作为重要补充的治理主体三角格局，并且要深化政府与营利组织以及公益部门之间的合作。政企合作的关键点在于政府对于企业"营利性"这一特点的深度把握。一方面通过地方政府间合作，对于企业的准入、退出机制做出统一、公平的安排，构建有利于生产资源、元素自由流动的成渝经济区大市场空间场域；另一方面可以通过购买、外包等形式以有偿的方式获取营利组织专业化的服务，从而提升社会治理效能。而政府与公益部门的合作主要体现为政府对公益部门的政策扶持与财税支持，除了直接的贴息、奖励等措施外，政府还可以对捐赠公益部门的企业实行税收减免政策，以此实现政府财税对于公益部门的隐性倾斜。

最后是地方政府间跨域合作治理"机制"的创新与提升。所谓的机制即是成渝经济区内地方政府间跨区域合作有效开展的具体化、多层次、多维度的保障措施，其中以机构设置最为关键。除了成渝经济区开发管理机构外，还可以设置特殊服务区和专事特办机构等。特殊服务区即是偏向于公共服务性质的跨区域基础服务供给机构，这类机构面向辖区提供基础设施建设、公路维护、污水处理等公共服务，而不具有政治功能，即不对地方政府的自治权造成威胁，但接受成渝经济区开发管理机构的直接领导与监管。而专事特办机构则是为回应跨区域事件的突发性和广域性而构建的，根据跨区域突发事件的性质、涉及范围、紧迫性等，在整个成渝经济区内聘请相关专家学者和行政人员组成专事特办机构，高效、快速地处理跨区域突发事件，一旦事件解决即解散该机构，因此具有高针对性、高效益性和低成本性的显著优势。除设置相关机构外，成渝经济区还可以通过科技支持、资金保障、利益相关者介入等手段形成提升跨区域合作治理效能的综合性机制。

第五章　动因探析：成渝经济区地方政府跨域治理合作的内在机理

　　成渝经济区地方政府在跨域治理领域取得了显著的成绩，以"成乐绵"联动发展为典型的强势促进机制，以毗邻区域共生发展为典型的多元参与机制以及以五大功能区协调发展为典型的上级驱动机制，都是成渝经济区地方政府在跨域治理实践操作中所取得的模式与机制的创新。合作治理的缘起、发展、绩效等是成渝经济区地方政府跨域合作的核心关注点，合作动因暗含着地方政府合作的促进因素以及实践制因双向维度，场域力、向心力和离心力是影响成渝经济区地方政府合作频度、广度和深度的三股相互交织的力量。

　　地方政府跨域治理是政府行政能力的当代转向，也是对区域经济一体化与行政力量宰制经济地理空间、公众需求多元化与政府职能部门条块分割所造成的公共服务供给能力碎片化两对矛盾的回应，主要表征为治理视角从微观到宏观，治理策略从管控到合作，治理目的从稳定压倒一切到稳定与发展并重的理性化转向。从对区域事件的单体政府管理到对跨区域公共事件的多政府合作治理是由一系列制度、非制度的动因机制促成的，对政府间合作治理动因机制的全方位、宽领域考量，是分析政府跨区域治理合作态势的基础，也是制定合规性的风险共担、转移机制和利益分配、补偿机制的前提。而场域力、向心力和离心力是成渝经济区政府间合作治理的促进和制约因素所表征的三个维度，为成渝经济区地方政府合作现实态势分析、合作绩效评估提供逻辑基础并奠定立论条件。场域力、向心力和离心力的具体关系如图 5 – 1 所示：

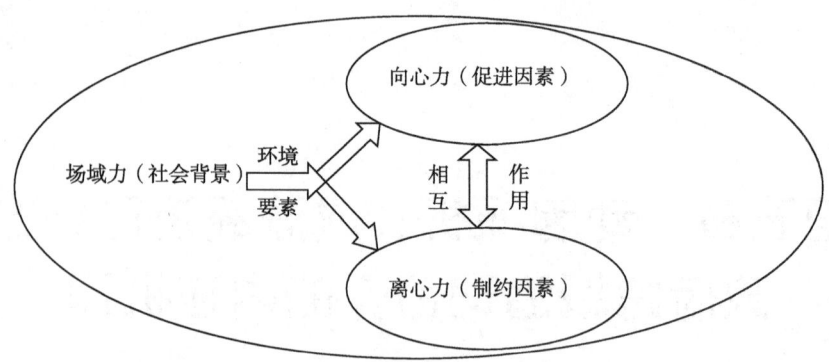

图5-1 场域力、向心力、离心力相互关系图

5.1 场域力

美国著名行政生态学家弗雷德·W. 里格斯（Fred W. Riggs）认为，应该从公共行政的社会环境、文化背景、意识形态等外部关系上着手，去分析一个社会的行政制度和行政行为。❶ 毫无疑问，成渝经济区地方政府跨域治理受到全球区域一体化浪潮、国内区域经济体的兴起与角力等诸多社会环境因素的制约。一切影响成渝经济区地方政府跨域合作的外部因素的综合体在本研究中都概括为场域力。所谓场域力，即当今世界在经济全球化和区域经济一体化的时代命题下，多国政府间和区域政府间对公共事件合作治理的现实态势和必然趋势。这种态势和趋势在全球范围内形成了一个完善的力学网络体系，而成渝经济区即是这个力学网络中的一个节点，与周围的节点产生力的相互作用。一方面，成渝经济区这个节点受到周边节点的压力，只有推行政府间跨区域合作治理才能保证力的方向的同构性，以此来促进自身的发展和整个网络体系的平衡；另一方面，受到地方保护主义和政府权限等思维的惯性作用，成渝经济区也往往表现出挣脱这个"力学"体系的趋势而受到来自整个网络体系的反向作用力。正是在现实顺应力和惯性反抗力的相互角逐中，成渝经济区的地方政府间合作实现螺旋式上升和波浪式前进。

---

❶ 易正春：《行政生态学与我国加入WTO后行政改革取向》，《湖北行政学院学报》，2003年第2期。

5.1.1　国际环境

在经济全球化与区域经济一体化的时代潮流下，在国际、国内都掀起了一场区域经济合作的浪潮。欧盟、北美自由贸易区等成为在全球范围内跨域合作的典范，通过逐步开放各国资源市场，加深区域分工合作，以此促进区域经济增长极的出现与强化，进而协同推进区域增长极内各治理主体的社会发展进程。

在国家内部，地方政府跨域治理也成为区域综合竞争力提升的催化剂。美国、英国和日本等国家在这方面发展的历史最为悠久，成效最为显著。三国对其跨区域政府间合作的概念表述、内容定义虽有所差异，但毫无疑问，都强调了"跨区域""政府合作""合作治理"和"公共利益"等核心要素。

美国基于其独特的历史政治传统和鲜明的地理、经济、科技、文化特点等态势，经过多年的理论研究与实践探索，形成了跨区域治理的系统机制，构建了当今世界跨区域治理的典型模式。美国模式是一种典型的市场模式，强调通过市场机制实现区域政府间的合作与竞争，其最典型的特征就是建立了一系列机构部门，如负责跨区域基础设施的都市政府联合会负责跨区域专项事务，如环保、交通等特殊服务领域。

英国跨区域治理有其显著的特点，跨区域治理模式深受中央与地方权力博弈、保守党和工党执政地位之争的影响，并且建立了对跨区域治理效能的多维度评估模式。较之美国的跨区域治理模式，英国模式在其两党博弈的基础上建立了完善的绩效反馈机制，以确保不因执政党的轮流坐庄而使跨区域治理策略左右摇摆，最终致使治理能效的僵化。例如，公共事件的利益相关者可以通过民主论坛等渠道来行使自身的知情权和表达权，最终维护自身合法利益。

日本跨区域治理模式具有导向目标明确化和治理机制层级化的鲜明特点，形成了从核心的价值目标导向到内层的主导机制进而辐射到外围的共建措施的圈层结构。日本在对市町村进行合并的基础上加快推进大都市广域行政圈的建立，以实现资源互补、地方财税流动，最终增强区域的综合竞争力。日本政府强调建立区域间的利益协调机制如地方行政联络会议，通过协商解决政府间的利益分配以及利益补偿问题，使区域间政府的合作治理植根于稳定而公平的利益机制，从而推动合作治理策略的完善与长期稳定。

国际区域合作的浪潮成为成渝经济区地方政府跨域合作的有益启示，使成渝经济区地方政府可以从主权国家间的合作（如欧盟）、国家内部区域合作（如美国田纳西流域）的综合管理，以及跨域城市间的聚合发展（如日本的市村町合并）吸取有益经验，进行螺旋式上升，由此实现自身的跨区域合作发展。

5.1.2　国内环境

与国外政府跨域治理无论是理论研究还是实践发展都呈现出板块状的特点不同，我国地方政府跨域治理呈现出历史性的演化特征，从线性的历史维度简要分析跨域治理的现实趋势，可分为三足鼎立、群英并起和四雄逐鹿区域合作三个阶段。

改革开放以来，沿海地区凭借其优越的地理区位以及改革开放排头兵的政策条件，迅速成为跨区域政府合作治理的试验地，并取得了一系列显著的成果。东部沿海地区基于其区位优势，组合土地、税收、财政、技术等优惠政策，形成有利于其聚合式发展的政策社群，并以资本的原始积累为主体，以企业创新和基础设施建设为两翼，进而提高区域发展综合水平。其中，从北至南，尤以环渤海湾地区、长三角地区和珠三角地区的政府间合作治理的成效最为显著。当然，这一时期，政府合作的领域主要集中于经济和产业领域，合作范围较为狭窄，合作程度尚未深入。

中共十四大以来，市场体制改革全面深入，面向全社会展开，改革的力度加大、程度加深。与此同时，地方政府跨域治理也由点线式发展转向条块状推进，并逐渐勾勒出全方位、宽领域、多层次的跨区域合作治理趋势。珠三角提出"9+2"的泛珠三角模式，进一步发挥濒临港澳的区位优势，强化香港和澳门对内地经济的辐射和带动作用，并进一步扩大经济腹地，通过产业链来密切地方政府间的合作伙伴关系，合作领域开始向交通运输、通信、基础设施建设等拓展。而长三角提出"15+1"模式，以上海为区域发展的龙头，提升长三角的整体效益，政府合作的触角以经济领域为基点并逐步延伸至能源、教育、交通等领域。环渤海湾地区也加快了合作的步伐，深化了合作的领域和频度。这一时期，最显著的特征是伴随着长三角、珠三角和京津冀三大经济区的兴起与发展，同时伴随着长株潭、武汉城市圈、山东城市群、中原城市群、北部湾经济区等区域联合体的快速发展，展现出群英并起的欣欣向荣局面。

成都和重庆的跨越式率先发展得益于西部大开发战略所带来的利好政策机遇，多层次的人才、多渠道的资本、多维度的技术等全新要素的引入，为成渝发展注入了新鲜血液。成渝经济区不仅是一个传统意义上的产业合作园区，也是地方政府跨域治理的探索与实践机制。当然，成渝经济区地方政府跨域治理毫无疑问也是从产业的合作与聚合发展开始的。自 2006 年成渝经济区建设作为实现西部大开发重要战略写入"十一五"规划以来，成渝经济区地方政府在科学文化教育、医疗卫生设施、基础产业建设等领域的合作日益密切。成渝经济区对于整个西部地区的城乡统筹发展、经济效益全面提高、综合竞争力稳步提升具有重要的辐射带动作用，因而，成渝经济区正致力于成为中国经济增长的"第四极"，加快对环渤海湾地区、长三角地区和珠三角地区的追赶势头，而形成中国跨区域合作治理的四雄逐鹿时代。

5.2 向心力

向心力即是成渝经济区政府间合作的促进因素，政府间围绕这些向心力因素向跨域治理这个中心集聚，不断创新政府间合作的路径、机制与模式。成渝经济区政府间合作的向心力是全方位的、多维度的，相互交织而凝聚成促进成渝经济区地方政府间合作的黏合剂。

5.2.1 区位因素

成渝经济区位于中国经济发展空间的核心地带，南北贯通陕甘云贵，东西连接西藏与湘鄂，正好位于东西南北的十字交叉口。此外，成渝经济区雄踞长江畔，可贯通中部与东部，并随江而下直达东部沿海发达地区，由此可见成渝经济区的经济地位优势突出，区域联系度紧密，辐射能力强。成渝经济区这种独特的地理贯通的区位条件为其联合发展提供了重要的动力和基础。作为西部大开发的引擎城市，成渝基于其区位优势，高效承接东部的产业转移，加快人才和技术的引进，在资源互补、产业集聚等方面展现出自身的独特优势，而作为中国地理南北连接点的成渝，是中国实现纵深发展的关节点，势必将享受国家更多的利好政策。成渝经济区这种贯通东西、连接南北的独特地理区位因素为其实现产业的升级换代，加强区域的联合，实现跨区域事务的联合高效治理提供了重要的现实基础。正是由于成渝特殊的区位条件而获得的发展机遇与承担的历史责任"倒逼"地方政府进行合作，因而任何单个地方政府都无法回避区域经济一体化、公民需求多元化的挑战。

虽然现在成渝分治，但是相同的地理位置却将这两个区域紧紧结合在一起。无论是作为四川省省会的成都还是作为西部唯一直辖市的重庆，都无法独自肩负起中国经济发展中心地带的区位作用。只有重庆和成都加强交流，深化合作，尤其是在交通等基础领域进行跨区域、跨部门的务实合作，才能真正将成渝经济区打造成中国经济发展版图的枢纽地带，而不仅仅是纯粹空间地理意义上的枢纽。(访谈代码：C - C)

另外，资源是区域发展与合作的基础，成渝经济区内丰富的自然资源为成渝经济区的综合开发提供了重要的物质基础。成渝经济区及其辐射区域内矿产等资源丰富❶，主要资源在全国占比见表5-1。

表5-1 成渝经济区及其辐射区矿产资源占比

资源类型	储存量全国占比
水能资源	占全国 1/4 以上
天然气储量	占全国 3/5 以上
铝土矿储量	占全国 1/4 以上
硫铁矿储量	占全国 1/4 以上
铜矿储量	占全国 1/3 以上
磷矿储量	占全国 2/3 以上
锰矿储量	占全国 1/5 以上
铅锌矿储量	占全国 1/5 以上

同时，成渝经济区可谓我国人文景观旅游资源的密集地带，可以加强成渝有关旅游产业链的合作，形成成渝旅游带。与此同时，加强旅游生产协作，推动旅游生产要素在成渝经济区的自由流动和有效集聚，由此提高旅游产品的附

---

❶ 林凌、廖元和、刘世庆等：《共建繁荣成渝经济区发展思路研究报告——面向未来的七点策略和行动计划》，经济科学出版社，2005 年。

加值和旅游服务的吸引力。此外，也需协同关注成渝经济区自然旅游资源地区的环境承载力，加大自然环境的保护力度，通过不断提高技术水平提升旅游景区的游客容量，并促进景区的生态恢复与发展。

5.2.2　文化属性

作为巴文化中心的重庆和作为蜀文化中心的成都，构成了西南巴蜀文化的集聚区，两者民风相近，自古交流频繁，构成了数千年来巴蜀地区发展的精神脉络。

我是成都人，而我爷爷奶奶是重庆人，我的工作也是常年在成都、重庆两地来回跑。就我个人的感受而言，我觉得川渝文化本质上并没有多大差异，不管是风俗习惯还是处事风格上，成都人和重庆人都是具有很大的相似性的。我觉得呢，这种文化和情感上的接近，为重庆公司在成都办厂，成都公司在重庆办厂都带来了极大的便利，无论是在公司规章制度的制定，还是在员工的招募、培训等方面都比在其他省市简单得多。当然，我们成渝地方政府合作也应该巧妙利用两地文化相似性的这一天然优势，例如，旅游资源的联合开发，尤其是那些人文旅游资源，甚至可以开发巴蜀文化旅游线。（访谈代码：S－P）

因而，巴蜀文化成为成渝经济区高效合作的文化亲缘基础。巴蜀文化哺育了成渝地区淳朴的民风，滋养了崇文尚武的区域精神，也在此文化熏陶下培养了一大批政界、商界、学界的杰出人才。成渝经济区基于其共同的文化资本，在一系列跨区域合作的标准建立时，能够有效减少因为地方文化差异带来的纷争与谈判，从而降低了合作的成本。血脉相容的文化属性更好地解决了成渝经济区地方政府在跨域合作治理实践进程中的"质"的融合性问题，在"川渝本是一家"理念的号召下，川渝居民更倾向于跨域合作治理，这也为跨域合作治理营造了良好的民众心理氛围。

5.2.3　信息技术

信息技术水平的提高成为扩大利益相关者表达权的扩音器，居民可以通过多样化的渠道表达自己的合规的意见与建议。

2002 年，成都开通公众信息网，并与 800 多个政府及相关部门的官网相链接，接受民众的热点话题咨询、政府工作满意度在线测评等。

2003 年，成都在 12345 市长热线、市信访网站的基础上，正式开通市长信箱，形成民意反馈与检测的新媒体矩阵，构建了多渠道、宽领域的群众反映问题、提交意见提供的机制。

2004 年，基于《成都市政府信息公开规定》，成都市政府探索建立网上信息公开化，并为民众的监督、检查提供极大的便利。

2005 年 5 月，"创建全国文明城市——成都媒体大联动·百万市民大参与"活动掀起了广大市民参与城市建设的新高潮。

2006 年 2 月，数百名市民在几天内积极报名参与成都市居民生活用气调价听证会，新技术的发展为渴望参与城市建设与发展的市民提供了新的条件与保障。

信息技术是促进地方政府间跨域合作治理的重要保障手段。一方面要通过网络平台加强政府间信息互通有无，使区域间的重大事件、舆情能在合作主体间快速传播；另一方面需要构建跨区域联合信息网，主要包括区域人才招聘信息、区域物流信息、区域文化演出资源信息等，以此打破行政区划的藩篱，使得区域间的人才、资源等要素能够及时有效地自由流动；另外，需要以互联网为载体，极大地将社会各类群体"卷入"地方政府间的跨域治理。（访谈代码：C－S）

在新媒体时代，各种互联网平台给了利益相关者平等地选择与获取信息的空间，政府的政策信息能够通过互联网平台有效地自上而下传达，而公众的意见、建议与心声也能迅速地自下而上传播，为政府与公众的直接沟通与交流构建了一个开放的场域空间，从而一方面使地方政府间的合作政策能更好地反映民生，惠及每一位民众；另一方面也将社会公众纳入跨域治理的主体之列，集民智、聚民意，扩大了跨域治理的主体范围，切实推进了成渝经济区地方政府间合作的民主化进程。

5.3　离心力

离心力即是制约成渝经济区聚合发展的离散因素。只有充分考量成渝合作的离心力，才能对症下药，祛除制约因素进而切实提高成渝政府间合作的聚合程度，而成渝经济区的离散因素主要体现为"两同一异"。

5.3.1 目标定位同质化

城市定位是城市发展的方向，是城市关于其发展总目标、总路线等全局性、长期性、整体性的规划，良好的城市定位有利于城市调整经济布局，完善产业结构，推动经济、文化、生态、民生的协同发展。成都和重庆作为西部发展的双子星，同时也是成渝经济区的两大核心城市，基于其先进的资源特色、发展追求，在其城市定位和产业布局上也不可避免地存在趋同现象。

成渝经济区最显著的特征就是"双子星"结构，即在区域内存在成都和重庆两个增长极。相对于长三角经济区由上海单极主导的区域经济体，成渝经济区最明显的特征即是在一个经济区内存在两个增长极，这就势必会造成成都和重庆在资源发展要素上的争夺。两个城市都将倾向于将周边城市的资源纳入自身的发展体系，在四川行政版图上出现的环渝经济带可以视为重庆这一增长极的植入对四川部分地区经济发展战略的洗牌式效应。可以预见，良好的竞合关系将强有力地推动成渝经济系统发展，成渝间若是固执于区域首位城市的竞争，最终只会导致两败俱伤，并阻碍成渝经济区的整体发展。（访谈代码：S-S）

正是成渝在西部大开发中的战略地位相近导致其发展目标定位的同质化，进而造成了较为严重的生产要素争夺问题，这为地方保护主义的兴盛提供了肥沃的土壤，地方政府间风险无法共担，利益无法共享，最终阻滞了区域间统一标准的制定与实施。

5.3.2 产业布局同构化

资源是产业发展的基础，在自然资源方面具有同质性的成渝在产业发展方面也不可避免地存在同构化现象。在成渝经济区内，成都和重庆为争夺更大的发展机会，不惜在商贸、文教、旅游等层面大量重复建设。在此种情况下，成渝就将陷入恶性竞争的"死循环"，成都的经济发展必将建立在重庆的发展资源损失的基础之上，而重庆的经济发展也将导致成都的发展机会受损。相关资料显示，成渝经济区一二三产业相关系数分别为 0.91、0.41、0.98❶。可见成

---

❶ 钟敦慧：《成渝经济区产业合作研究》，西南大学学位论文，2009 年。

都和重庆在第一和第三产业方面的产业同构问题十分突出，产业发展的相似性导致成渝为维持本区域产业的高速发展而争夺临近区县的资源要素。事实上，成都和重庆应该根据自身的资源优势及周边区县的资源特色，调整产业布局，将两地相近型产业逐渐向两地互补型产业转型与延伸。

促进地方政府间合作最有效的手段无疑是通过产业链构筑稳定的伙伴关系，通过纵向关系形成产业性质上的上中下游城市关系，通过横向的相关产品形成互补城市关系，由此来强化地方政府间的交流与合作。而成渝产业布局的同构化大大削弱了通过产业链来深化地方政府间合作关系的效能。

5.3.3　行政主体异质化

行政区经济是指在既定的行政区划范围内，由行政区划对区域经济的刚性约束而产生的一种特殊经济现象❶。相较于国际区域经济区，我国的行政区经济明显是计划经济的遗产，具有"计划指令性强""机构重叠性严重""职能划分不清突出"等特点。我国区域经济囿于行政区经济的困境，长期处于"强政府计划、弱市场调节"的尴尬处境，加之相关部门职能交叉现象明显存在，一方面行政计划的指导性强，另一方面政令的龃龉、抵触问题突出，这就给经济区内企业的发展造成了诸多阻滞，不利于区域协同发展。

成渝为了提升各自的城市规模和综合竞争力，对生产要素的争夺不断加剧，暗中较劲的问题十分突出。加之重庆作为直辖市，属于省级行政区，而成都作为四川省的省会城市，属于副省级行政区，成、渝在行政区划上具有不对等性，成、渝之间的合作往往要通过四川省政府这一中介体才具有政策效应，这就极大地降低了合作展开的效率。（访谈代码：S-C）

因而，川渝分治致使成渝经济区从省内经济区嬗变为省级经济区。作为长期经济区的成渝经济区要求其保持相对的独立性与稳定性，但事实上，重庆跃升为直辖市后，打破了成渝之间的平衡，作为省级城市的重庆在行政化级别上已蹿升至作为副省级城市的成都之上，两者的政令出发点、效用、辐射范围都不尽相同，这就明显地削弱了成渝经济区的稳定性与独立性，为成渝经济区的可持续性发展带来了诸多阻滞因素。

---

❶　曾智洪：《成渝城市发展与治理模式研究》，重庆大学学位论文，2006 年。

第六章 实然呈现：成渝经济区地方政府跨域治理合作的现状缕析

从 2004 年 10 月成渝经济区被纳入国家"十一五"前期规划至今，成渝经济区的实践操作已历经十几年。在过去十几年的成渝地方政府跨域治理的进程中，合作广度、合作深度和合作频度均有了实质性的提升。现状分析是对动因考察的逻辑延续，更是对绩效评估的内容铺垫，也只有在此基础上，才能更有针对性地提出成渝经济区地方政府跨域治理的优化路径，进而提升成渝经济区合作治理的效能。除了在合作的广度、深度和频度三个层次有所突破之外，成渝经济区地方政府在长期的跨区域合作中逐渐实现了一系列稳定并较高效的合作机制创新，主要包括上级政府驱动、多元主体参与、毗邻区联动、内容导向等合作策略。

6.1 合作广度

在过去十几年的成渝地方政府合作治理的实践中，政府间合作的广度不断扩大，逐渐形成全方位、宽领域、多层次的合作广度布局，地域、领域和机制是成渝经济区地方政府跨域合作的广度的三个层面，并直接表现为地域广域化、领域广泛化、机制广阔化。

6.1.1 地域广域化

成渝经济区主要包括重庆市万州、涪陵、渝中、大渡口、江北、沙坪坝、九龙坡、南岸、北碚、万盛、渝北、巴南、长寿、江津、合川、永川、南川、双桥、綦江、潼南、铜梁、大足、荣昌、璧山、梁平、丰都、垫江、忠县、开县、云阳、石柱 31 个区县和四川省成都、德阳、绵阳、眉山、资阳、遂宁、乐山、雅安、自贡、泸州、内江、南充、宜宾、达州、广安 15 个市，总面积约 20.61 万平方公里，覆盖人口 9840.7 万，GDP 总量为 1.58 万亿元❶。

　　通过对成渝经济区各地方政府的公共信息检索与合作实践调查，共发现自 2011 年 5 月国务院正式批复《成渝经济区区域规划》以来，经济区内地方政府间合作案例 173 起，并以"跨区域合作"作为基准点对统计所得的案例进行横向分析，得到如图 6 - 1 所示结果，其中，合作层次 1 表示重庆市内部合作，合作层次 2 表示四川省内部合作，合作层次 3 表示成渝经济区内川渝跨域合作。

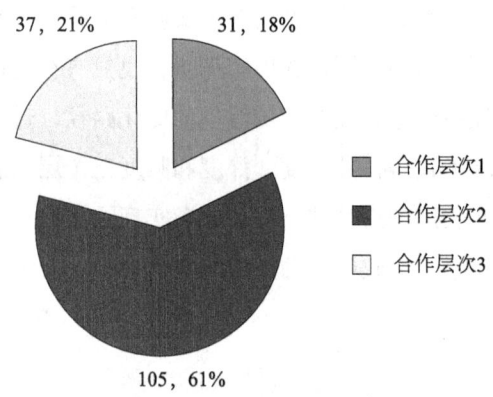

图 6 - 1　成渝经济区内地方政府间合作情况

　　可见，《成渝经济区区域规划》得到国务院正式批示以来，经济区内的地方政府间跨域合作的案例达到 37 起，占案例总数的 21%。因而，成渝经济区的成立对于地方政府间的跨区合作起到了显著的促进作用。

　　为了更好地摆脱行政界线的束缚，加快区域融合，成渝经济区在区域内建设"双核五带"。毫无疑问，双核即是涵括九大主城区的重庆和涵括五大城区的成都。成都和重庆是成渝经济区的双子星，是拉动整个区域综合竞争力提升

❶　国函〔2011〕48 号《关于成渝经济区区域规划的批复》的规划，http：//www.gov.cn/zwgk/2011 - 06/02/content_ 1875769. htm.

的双向引擎。成渝经济区"双核五带"战略布局如图 6-2 所示：

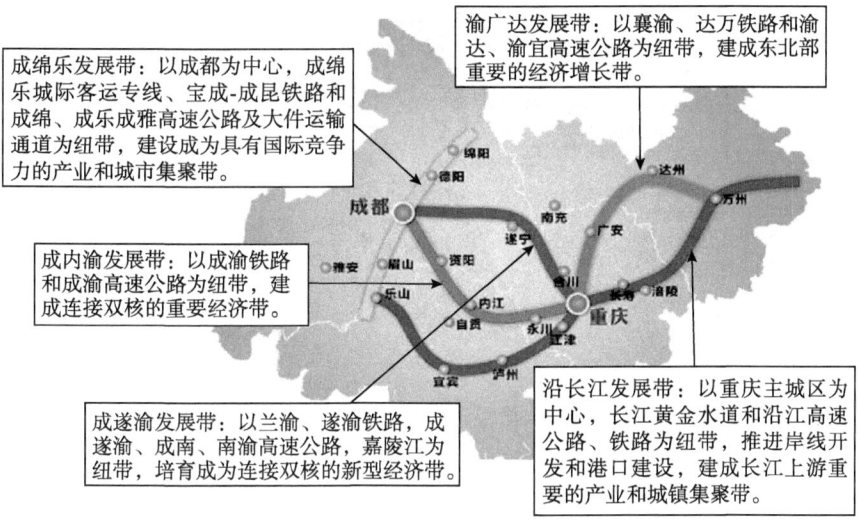

图 6-2 成渝经济区"双核五带"战略布局

"双核五带"是成渝经济区的总体性布局，这一布局是对成渝经济区地理条件、交通因素、经济辐射力等诸多因素考量的结果，从宏观角度对成渝经济区进行功能区位的划分并进行产业和治理的合作。

6.1.2 领域广泛化

交通是区域联系的基础与前提，加强成渝经济区的交通联系是为了强化成渝经济区的产业联系，构建相互交织、相互促进的经济产业网络。提升区域间的通达性和可到达性能有效地将区域间的人才、制度设计、公共设施等因素聚合为一个可延伸的整体，扩大作用领域的覆盖面。

成渝经济区地方政府跨域治理应当把经济产业作为主体，加强在重工业、服务业、旅游业以及相配套的科研与基础设施领域的合作与交流，形成企业家交流会和专家学者智能库。

成渝经济区地方政府间的合作领域除了交通运输、产业发展、社会民生三大板块之外，还有防灾治安、资源开发、环境保护、文化教育、公务行政等，分别是图 6-3 中的合作领域 4、5、7 和合作领域 1、2、3、6、8。

可见，产业发展是成渝经济区地方政府间合作的重中之重，在 137 起案例

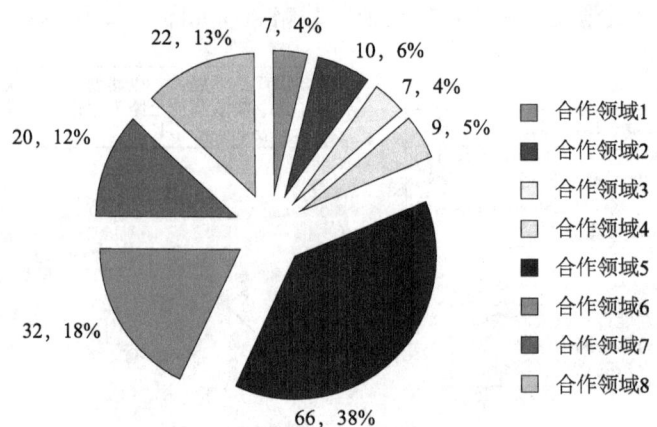

图6-3 成渝经济区政府间合作领域情况

中高达 66 起，占比 38%。此外，文化教育、公务行政和社会民生分别以 18%、13%和12%位居合作领域案例数量的第二、第三和第四，而交通运输、防灾治安、资源开发、环境保护等领域的合作案例相对较少。因此，成渝经济区地方政府间合作以产业为着力点，并积极开展文教、民生等方面的合作，但是防灾治安和环境保护等领域的合作显然不足，尚未形成多领域协同合作的格局，合作领域不平衡、不协调的状况较为突出。

6.1.3 机制广阔化

重庆属于省级市，而成都属于副省级市，成渝经济区的双子星分属于不同的行政级别，这就导致了这两个核心城市在行政执行力和行政权限范围之间的显著差异。因此，成渝经济区地方政府建立了涵括三个层面的协调机制：四川省政府协同推进成渝双子星的合作；鼓励企业、高校等社会各界参与成渝经济区内的跨域合作，构建多元化合作主体；由中央出面协调区域重大利益问题，如成渝经济区在"一带一路"建设中的布局等。

此外，成渝经济区不断完善风险共担、风险转移、利益分配和利益补偿等机制，以全方位的、完善的合作机制来促使成渝地方政府跨域治理成为成渝经济区跨越式发展的新常态。例如，建立完善的风险转移、共担机制的关键是实现成渝政府之间信息共享，保证有关信息在整个重庆五大功能区内无障碍流通，在"互联网＋"的背景下，构建重庆五大功能区的网络信息共享平台，加速区域内的信息流通与交换，尤其要加强边缘区县对信息的获取能力与反应能力；另外，成渝政府要越出狭隘的地方保护主义思维圈，在面临风险时，加强双向交流与合作，提高政治互信，利用双子星的特殊区域格局，形成互为支撑点的风险转移模式；最后要建立风险预警机制，对于潜在的区域突发性公共事件要加强监控，加强联合应对能力，提高地方政府间的配合度与政策默契度。

毫无疑问，风险机制与利益机制理应成为撬动成渝经济区地方政府跨域治理的驱动双轮。风险机制要解决的是在面临内部的、外部的、显在的、潜在的风险因素时，地方政府应当如何抱团取暖，整合自己的优势，形成有效的风险处理机制。利益机制要解决的是对于公共的经济效益和社会效益，成渝经济区的地方政府应当如何划分利益，是以参与主体的数量为依据进行均分，还是以不同主体的贡献度为依据进行不同比例的划分，其中又涵括贡献度的评定标准。总之，新型的利益机制既要保证利益分配结果的相对公平，又要有效促进参与主体的积极性与创造力。

6.2　合作深度

成渝经济区的合作深度是一个渐进的过程，从设计方面考察，成渝经济区从概念构想到实践操作，从地方萌芽到中央重视，成渝经济区的外围设计也不断深入完善，从合作层面考察，成渝地方政府合作内容从经济产业逐步深入文化、教育、民生等国计民生的各方面，合作主体已经越出单一的政府层面而深入由政府部门、营利部门和公益部门所组成的三维常态化互动层面。

深层次的合作能有效促进地方政府间合作的紧密化，使地方政府间的关系日趋紧密，地方的共生性、融合性发展指数越来越高，通过地方间的联合发展来提升成渝经济区的整体实力与竞争力。若根据合作程度由低到高依次分为信息交流、共同学习、评估商讨、共同规划、联合行动、联合开发六大层次并对成渝经济区的合作案例进行考察可得到如图6-4所示的分析结果。

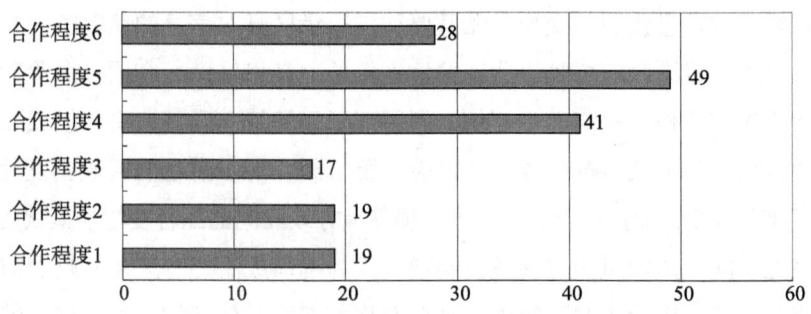

图 6-4　成渝经济区六大层次分析

可见，成渝经济区政府间的整体合作程度较高，在137起合作案例中，联合开发、联合行动和共同规划分别有28起、49起和41起，总计约占86.1%。因此，随着成渝经济区规划的不断完善，经济区内地方政府间的合作程度也将不断深化，成渝经济区的整体性发展势头亦将越来越迅猛。

成渝经济区地方政府间合作的深化总是伴随相关合作协议的签订、合作机制的完善，成渝经济区从区域合作概念逐渐嬗变为国家级经济区经历了一个漫长与深入的过程，成渝合作大事梳理见表6-1。

表6-1　成渝合作大事记

成渝合作大事记		
时间	标志性文件	主要内容
2001 年	《重庆—成都经济合作会谈纪要》	第一次提出"成渝经济"概念
2003 年	《中国西部大开发重点区域规划前期研究》	首次在国家层面的报告中出现"成渝经济区"概念。
2004 年	《中国西部大开发中重点经济带研究》	长江上游"蝌蚪形经济带"的区域中心是成渝经济区
2004 年	《关于加强川渝经济社会领域合作共谋长江上游经济区发展的框架协议》	构建"1+6"川渝合作协议
2006 年	国家西部大开发"十一五"规划	明确提出建设成渝经济区
2007 年	《关于推进川渝合作共建成渝经济区的协议》	确定成渝经济区的地理范围
2008 年	《关于深化川渝经济合作框架协议》	标志着川渝合作共建成渝经济区进一步深化
2010 年	《成渝经济区区域规划》	经国家发改委主任办公会审议通过，上报国务院审批
2011 年	《成渝经济区区域规划》	国务院正式批复

表6-1成渝合作大事记的具体内容如图6-5所示：

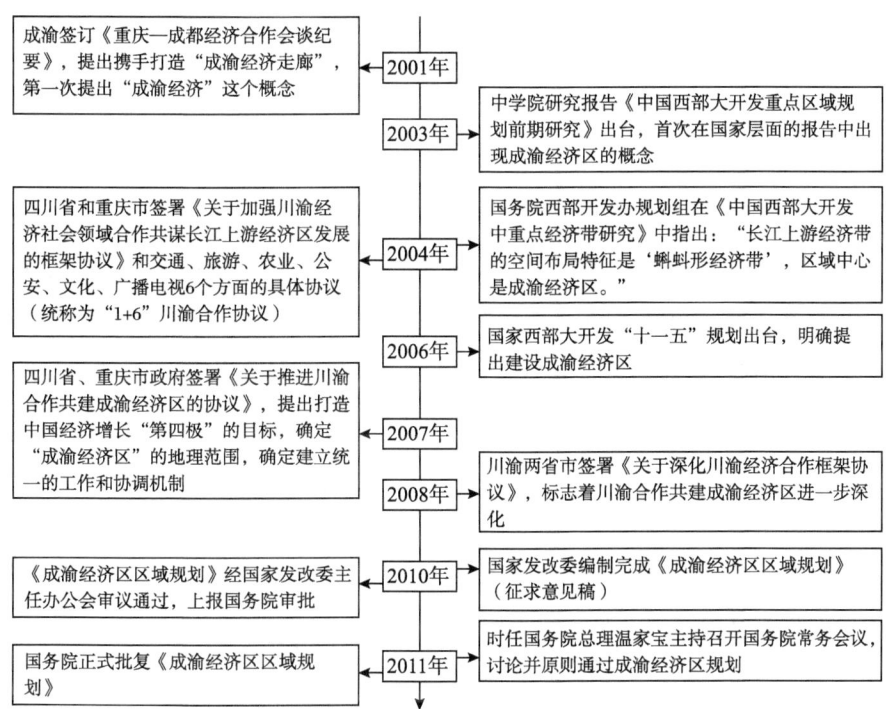

图6-5 成渝合作大事记

成渝经济区规划与设计的不断完善，并且从地方尝试性合作到重要规划性经济区的成立，从非制度化的偶然性合作到制度化的常规性合作的嬗变是成渝经济区地方政府间合作日趋紧密、频繁的直接表征。若以2011年5月国务院正式批复《成渝经济区规划》为节点，对2009年5月至2015年4月所发生的209起合作案例进行分析，便可得到如图6-6所示的年合作案例频数分布直方图。

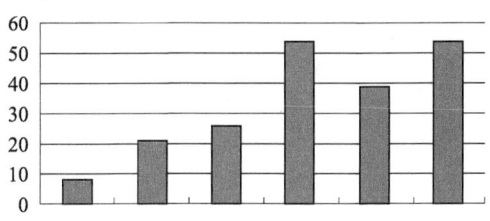

图6-6 成渝经济区政府间年合作频数分布

可见，2011年5月以来，成渝经济区地方政府间的合作案例数量呈显著的上升趋势。因此，不断完善的规划方案和顶层设计能有效推动地方政府跨域合作实现常态化发展。

6.3　合作频度

合作频度是检视成渝经济区地方政府间合作的一个重要维度，合作频度越高，合作的广度和深度也倾向于不断发展。成渝经济区地方政府间的合作频度受到地方政府政策规划、区域经济发展趋势、信息技术的发展、内部居民的推动等多维度因素的影响，因此，成渝经济区地方政府间合作频度也是地方政府间合作的可行性与必要性的有效表征。

基于对2009年5月至2015年4月所发生的209起合作案例进行统计和分析，并以行政区划单位为基本分类标准，构建了如图6-7所示的成渝经济区地方政府间合作频度分布图。

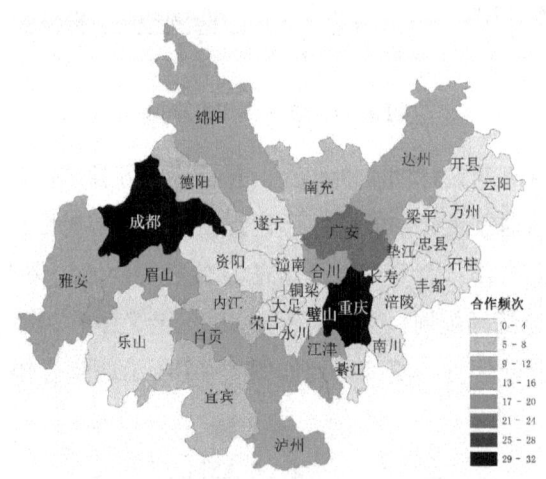

图6-7　成渝经济区地方政府间合作频度分布

如图所示，在成渝经济区地方政府间合作频度分布图中，共将地方政府间合作频度分为0~4次（包括），5~8次（包括），9~12次（包括），13~16次（包括），17~20次（包括），21~24次（包括），25~28次（包括），29~32（包括）八大类，并对于不同合作频度的经济区内行政区划单位赋不同的色块，由于没有行政区划单位处于 13~16 次（包括）和 21~24 次（包括）两大类之中，所以分布图中并未体现。

显而易见，成渝经济区地方政府合作频度呈现出以下几个重要特点：首先是形成了成都—重庆主城的双子星格局，成都市和重庆主城区是在成渝经济区内合作频度在 29 次以上的仅有的两个行政区划单位，可见成都市和重庆主城区在推动成渝经济区地方政府高频、高效合作方面起着重要的示范作用，成渝所形成的双子星格局使得成渝经济区在两点一线的基础上可以形成以点带线、以线成面的形态进而推进地方政府间合作的纵深化发展；其次是地方政府间合作频度差异大，而且总体水平有待提高，广安和眉山居于成都市和重庆主城之后，合作频度分别居于 24~28 次（包括）和 16~20 次（包括）两个档次，而综观整个成渝经济区地方政府间合作频度分布图，绝大多数经济区内的行政区划单位合作频度都在 8 次及以下，尤其值得注意的是，重庆市边缘区县的合作频度基本上在 0~4 次（包括）这个档次内，合作频度亟待提高。最后是作为双子星的成都市和重庆市主城区对于周边地方政府合作频度的辐射带动效应还未产生，由图 6-7 可见，处于成都市与重庆主城之间的资阳、遂宁、大足、潼南等地区的合作频度均在 4 次及以下，成渝应当在提高自身合作频度的基础上大力推进周边地方政府间的合作，从而提升成渝经济区地方政府间合作的总体频度与效度。

6.4　成渝经济区地方政府合作主导模式

成渝经济区地方政府在长期的地方政府跨域治理进程中逐渐形成了各种各样的合作模式，根据地方特色与行政层级选择最优模式，从而达到合作效果的最大化。其中，上级政府驱动模式强调上级政府对于边缘区县政府的政策扶持与技术指导，形成强有力的区县政府发展牵引力；多元主体参与模式强调在政府间合作的基础上引入多元合作主体，形成涵括政企合作、政校合作、政媒合作、校企合作等在内的全方位、宽领域、多层次的网格化合作体系，从而最大程度上优化组合社会各界力量来建设成渝经济区；毗邻区联动模式强调在地理位置上相近的区县，基于相近的资源优势、文化习俗等共同制定发展模式，最大程度上实现资源共享、优势互补、利益均沾，从而实现铆合式发展、共生式发展；内容导向模式则强调以特定的合作项目为导向来决定合作主体，进行"定点专项"式合作，以合作内容确定合作主体能有效避免以合作主体确定合作项目所存在的行政资源浪费、因合作面过于广泛而没有集中用力等状况的出现，真正实现高效化、无缝化合作。

6.4.1 上级政府驱动模式

上级政府驱动模式是以上级政府的行政资源优势为基础，并通过各专门部门向边缘区县提供财税、信息技术等方面的扶持，从而形成促进边缘区县发展的合力。该模式主要有三大特点。首先是在行政层级上形成自上而下的拉动力。现代意义上的"边缘"不仅指行政区划上的边缘，也内含着政策红利边缘区的含义。由上级政府驱动边缘区县的发展，能够使边缘区县复归于政策红利圈层之内，上级政府的关注与扶持所带来的基础设施的完善、税收优势等，能间接吸引企业到该地区进行投资。其次是多元部门联合扶持，形成强势合力，上级政府通过发改委、经信委、宣传办甚至包括气象局、地质局等给予边缘区县实质性的扶持与帮助，而不仅仅停留于文件层面，多部门联合发力，从多个角度激活区县发展的潜在可能性，形成多边促发展的强势合力。最后是逐渐实现从外部"输血"到机体自我"造血"的转向。在驱动前期，上级政府主要是提供直接的政策、资源、技术扶持，完善边缘区县的基础设施，优化经济建设的制度环境与社会环境，而在驱动的中后期逐渐强化边缘区县自我发展、自生性发展的意识和能力，边缘区县要不断完善经济发展方式，实现优化升级，并逐渐依靠自身力量来改善民生，促进社会整体发展。典型案例见表6-2。

表6-2　上级政府驱动模式典型案例

合作主体	合作项目	合作方式	合作成果
重庆市委宣传部、市网信办/重庆巫山县	资源赠送	实地走访、定点考察	送电脑，建立电子阅览室
重庆市经信委/重庆市梁平县	塑料产业园建设	实地调研、座谈会	交换项目建设意见

合作主体	合作项目	合作方式	合作成果
重庆市气象局/重庆垫江县政府	气象现代化合作	座谈会	签订合作备忘录，建立局县合作联席会议制度
四川德阳市委、市政府/四川绵竹县	龙蟒工业石膏开发项目等重点项目建设	实地考察、项目管理	实现 187 亿融资、确定建设项目
四川省冶金地勘局/四川盐亭县	土地管理与投资	实地考察	签订招商引资框架合作协议
四川省商务厅/四川内江市	商贸物流中心建设	座谈会	签署战略合作协议

6.4.2　多元主体参与模式

多元主体参与模式，顾名思义，是指成渝经济区在地方政府间合作的基础上，引入企业、学校、媒体、科研机构等主体围绕地方政府展开合作，形成政企合作、政校合作、政媒合作、校企合作等多维度的合作平台，构建以地方政府为核心的多元化合作主体体系。多元主体参与模式应该从四个层次展开。首先，以地方政府间的跨区域合作为基础。毫无疑问，地方政府是成渝经济区内部合作的主体，地方政府从政策、法规等方面进行耦合，能有效完善成渝经济区发展的制度和社会环境，并且其他主体参与合作也往往需要由相关的政府部门牵头。因此，提高地方政府间合作的效能对于整个成渝经济区的全方位、深层次合作至关重要。其次，以政企合作为立足点。成渝经济区发展的主体部分即是经济区内的产业发展，政府构建有利于资源自由流动、要素自由配置的成渝大市场体系，促进跨区域企业的合作，加快产业链的诞生，发挥附加产品、衍生产品的利基市场效应，加速实现成渝经济区的产业升级换代。再次，以政校（包括政府和科研机构）合作为关键点。自主创新能力是成渝经济区实现高效、全面、持续发展的核心推动力，通过政校合作，政府在提高科研投入的同时，努力在全社会形成"万众创新、大众创业"的氛围，全面提高成渝经济区的自我创新能力，为经济区的持续健康发展注入源源不断的动力。最后，以政媒合作为发展点。在大数据、"互联网＋"时代，各类媒体尤其是新媒体在区域发展过程中扮演着越来越重要的角色，发挥越来越重要的作用，因此，政府一方面要通过政策法规引导媒体的合规化发展，通过媒体宣传政策，提高公众对政府政策的认知度与认可度，从而提高政策的执行效率；另一方面要通过媒体使利益相关者的声音能够自下而上地反馈，引导民众参与成渝经济区的建设，真正实现发展依靠人民，发展为了人民，促进成渝经济区建设的民主化程度。典型案例见表6-3。

表6-3　多元主体参与模式典型案例

合作主体	合作项目	合作方式	合作成果
重庆能投集团/重庆开县	城镇建设、金融业务等	座谈会	确定合作项目、制定合作规划
重庆璧山县就业局/四川巴中职业技术学院	人才对接	座谈会	设立人才流动平台
四川大邑人社部门/川菜产业园区企业	人才招聘	人才招聘会	签署劳动就业合作协议
重庆华龙网、大渝网等网络媒体/重庆巫山县	农业资源供给	"走转改"等活动	"送农资、帮春耕"
中科院重庆研究院/重庆城口县	打造城口县生态涵养发展区	实地考察、科技交流会	确定合作方向，开设"巴山大讲堂"
四川泸县水务局/西南大学资源环境管理学院	共建实习基地	研讨会	签订"校局合作实习基地协议"

6.4.3　毗邻区联动模式

毗邻区联动模式即是加强在地域上比较靠近的区县之间的协作，进行"共同规划、共同投入、共同产出、共同获利"式合作，以捆绑式发展的方式促进地方政府间的共生、联动关系，发挥1+1>2的整体效应。采用毗邻区联动模式有三点需要特别关注。首先是合作主体的"毗邻"指数。这里的"毗邻"不仅指地域关系上的临近，从更深层次上讲，包括文化习俗、资源条件、社会环境等方面的指标，并且不断通过政府政策对这些要素进行耦合，使其形成犬牙交错之状，提升合作的紧密度和贴合度。其次是政策的标准化与统一性。要在政府部门的牵头下，整合相关学者专家、相关利益者来探讨区域性政策，使政策有较好的适应性与可执行性，政策的标准化尤其值得关注。例如，构建统一的停车收费标准，建设合作区域内统一的公共交通刷卡体系，这样能够大大减小区域间的区隔，增强毗邻区的"毗邻"指数。最后是要注意利益分配的公平性与公正性。利益分配应以成本支出为标准，同时要注意利益分配所具有的潜在合作意愿促进性价值，使利益分配结果在最大程度上获得合作区域内公众的认可，并成为促使进一步深入合作、全方位合作的重要诱因。典型案例如表6-4所示：

表6-4　毗邻区联动模式典型案例

合作主体	合作项目	合作方式	合作成果
重庆城口县/四川万源市	禽业品牌建设	召开科技工作座谈会	建立互访机制
重庆荣昌县/四川阆中市	旅游资源开发	实地考察、访谈	设立"旅游文化课坛"
重庆大渡口区/四川渠县	产业协同（冶金、装备制造）	通过"渝洽会"交流、协商	签订合作框架协议
重庆璧山县/四川巴州区	劳务合作	实地考察、座谈会	确立人才输送关系
重庆大足区/四川安岳县、简阳市等	构建成渝直线特色经济带	联盟会议	签订战略规划、铁路建设等协议
重庆万州区/四川达州市	物流合作	实地考察、洽谈	确定合作方向与项目

6.4.4　内容导向模式

内容导向模式即是通过合作的项目和内容来确定合作的主体，合作主体围绕合作内容展开合作，为完成某一项合作而提供多方位的支持，形成"定点专项"的合作特点。相较于以合作主体确定合作项目的传统地方政府跨域合作模式，以内容为导向的新型合作模式主要有以下三大突出优势。首先是合作内容的针对性。该模式以合作内容为导向，一切政策、资金、技术都是围绕合作内容的需求而展开的，具有高针对性和高配置性，避免了因合作内容不明确而导致的资源浪费状况出现。其次是合作主体的灵活性。以合作内容确定合作主体能切实实现与合作主体的无缝对接。例如，某县的教育水平较高但医疗卫生水平较低，则在选取合作对象时就应该考虑到教育输出、医疗卫生技术接受等因素。换言之，教育合作对象应该是有教育接受需求的主体，而医疗卫生合作对象是能够技术输出的主体，这样来灵活选择合作对象能有效提高合作的效果与合作的互惠程度。最后是合作的高效性。地方政府根据合作内容展开合作，一旦该合作项目结束即可终结双方的合作关系，如果在合作过程中产生新的合作点则可继续合作，这样就可使地方政府间合作关系由合作项目进程决定，减少因合作关系不明确、合作进程不合理等原因造成的资源浪费。典型案例如表6-5所示：

表6-5　内容导向模式典型案例

合作主体	合作项目	合作方式	合作成果
重庆荣隆县/四川隆昌县	资源共享（旅游、陶艺等）	实地考察	签订协议
成都龙泉驿区教育局/郫县教育局	教育互动联盟	座谈会	签订合作协议、制订实施方案等
四川崇州市/四川武侯区	经济与科技信息化	座谈会	就合作方向达成共识
四川锦江区/四川金堂县	对口帮扶	洽谈会	制订扶贫开发工作实施方案
重庆县文广新局、文联、旅游局等	文化遗产开发与保护	探讨会	确立建设"巫文化园"的构想
成都武侯区/四川新津县	农商（超）对接	实地考察、座谈会	建立电子商务平台、两地商品相互上柜

第七章 绩效评估：成渝经济区地方政府跨域治理效果的模型建构

对成渝经济区地方政府跨域治理进行科学、系统的绩效评估是实现成渝经济区地方政府协同治理的重要衔接性环节。绩效评估的突出价值表现在"反馈"和"控制"两个双向互动的维度。作为基本功能单位的"反馈"是对成渝经济区地方政府跨域治理既有成效理性化的合规表达，是对整体治理效果进行定性转换，使治理效果具有直观性和显著性而使其更易被观测和考量。而作为发展功能单位的"控制"是在"反馈"的基础上进一步实现的，主要体现为对既有跨域治理策略和路径的优化，其原因在于"反馈"在表征绩效的同时也放大了跨域治理进程中客观存在或潜在的缺陷。简言之，"反馈"是"控制"的前提，而"控制"是为了下一次的"反馈"取得更合理化的成果；而绩效评估的价值功效就在"反馈"与"控制"的相互作用中得以实现，并进行螺旋式的完善与提升。

7.1 合作效果评价思路设计

对成渝经济区地方政府间跨域合作进行绩效评估是一个系统工程，需要做出科学的设计与安排才能取得预设的成效。

如图 7-1 所示，地方政府基于提升治理效能的主观愿景、回应区域一体化竞争的客观需要以及公众需求多样化的倒逼之势，倡导对其跨域协同治理的政策与效能进行评估，以期提高区域整体竞争力，建设高效化、服务型政府，进而不断提高政府的权威，并且真正践行"以人为本"的政府宗旨。评估指标体系主要涵括耦合性、协同性和可持续性三个外生维度，以及公众期望、价值感知和满意度三个内生维度，以期对成渝经济区地方政府跨域协同治理绩效进行全方位、多层次、宽领域的综合性评估。这是整个绩效评估流程尤为关键的一步。科学合规的评估体系是进行合理有效的结果评估的前提和基础条件。实际测评包括实体测评与网络测评两个基本方面，并主要包括政策效能和优化路径两个面向。政策效能主要是对政策的预设效果完成度、政策的旁及效应、公众满意度等方面的现实表征，而优化路径则是对现行政策的缺陷以及业已带来的和潜在的社会负面影响进行纠偏，并指明地方政府跨域协同治理政策的演进方向，使地方政府间的政策具有同向性，进而形成政策叠加效应，最终提升协同治理的效能。

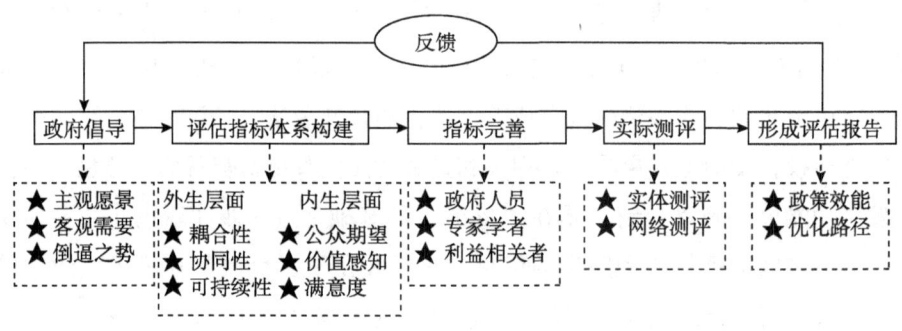

图7－1　合作效果评价思路设计

成渝经济区发展的核心目标是提升区域综合竞争力，增进辖区居民福祉。因此，对成渝经济区地方政府合作绩效的评估应以公众满意为导向。

7.2　结构方程模型概览

作为多元数据分析的重要手段，结构方程模型反映的是潜变量（*LV*）与观测变量（*MV*）之间的因果关系以及潜变量之间的相互关系。将因素分析与路径分析相结合是结构方程模型（SEM）的最大特点。

SEM 一般由 3 个矩阵方程式所代表：

$$\eta = B\eta + \Gamma\xi + \zeta \tag{1}$$

$$Y = \Lambda y\eta + \varepsilon \tag{2}$$

$$X = \Lambda x \xi + \sigma \qquad\qquad (3)$$

"方程（1）为结构模型，η 为内生潜变量，ξ 为外源潜变量，η 通过 B 和 Γ 系数矩阵以及误差向量 ζ 把内生潜变量和外源潜变量联系起来。""方程（2）和方程（3）为测量模型，X 为外源潜变量的可测变量，Y 为内生潜变量的可测变量，Λx 为外源潜变量与其可测变量的关联系数矩阵，Λy 为内生潜变量与其可测变量的关联系数矩阵，通过测量模型，潜变量可以由可测变量来反映。"● 因此，本研究基于受众满意度的核心视角，采用结构方程模型对成渝经济区地方政府跨域协同治理效果进行测评。

7.3　模型构建与指标说明

本研究借鉴国内外较为成熟的"政府服务的公众满意度测评（简称CPSI）"为蓝本，并立足成渝经济区地方政府跨域合作的现实图景，通过专家咨询、相关政府部门建议、利益相关者访谈等形式完善了成渝经济区地方政府跨域合作效果测评（如图 7−2 所示）。

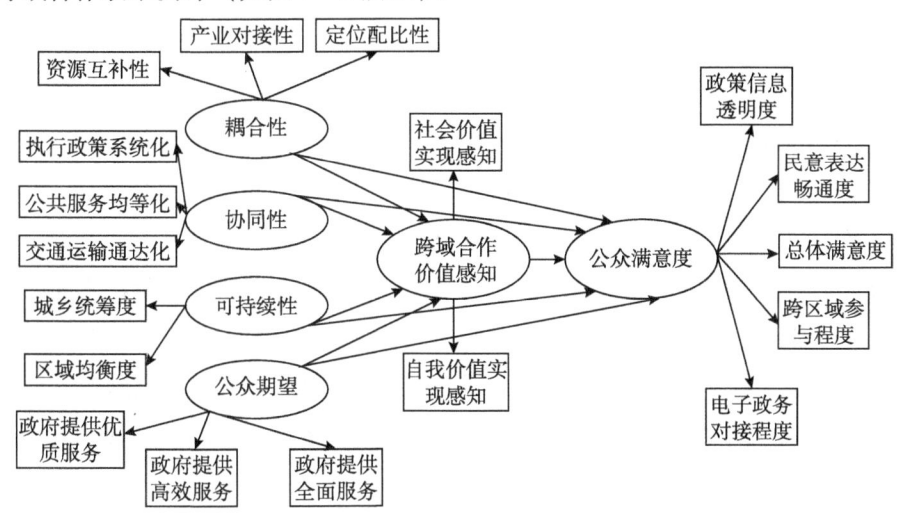

图 7−2　成渝经济区地方政府跨域合作绩效评估

● 吴林海、侯博、高申荣：《基于结构方程模型的分散农户农药残留认知与主要影响因素分析》，《中国农村经济》，2001 年第 3 期。

7.3.1 耦合性

耦合性是侧重于考察成渝经济区地方政府跨域治理过去式属性的指标。顾名思义，耦合是对成渝在资源、产业等方面的配比度的考察，反映跨域治理可行性因素的状况。只有成渝在进行合作的各个方面形成凹凸相契合之状，成渝经济区跨域治理的诱因和基础才是稳固的。换言之，耦合性是契合度的理性化表征。资源是合作的基础，产业是合作的基本领域，而定位是合作的导向，因此，资源互补性、产业对接性和定位配比性是成渝经济区地方政府跨区域合作耦合性的三个维度。

1. 资源互补性

资源是成渝经济区跨域治理的基础和前提。一个地区的资源条件是其进行经济产业化的潜在因素，也是进行其他方面合作的全部基础可能性之所在。成渝具有较好的资源互补性，在统一性的基础上又体现出了很好的独特性。这一点在旅游资源上表征得尤为明显。成渝同属于传统的巴蜀文化，两地风俗、人文景观具有同宗同源性，而又凭借地理景观演化出各具特色的旅游资源，相得益彰。

例如，行政资源互补强调地方政府在政策制定、实施，基础设施建设，党建工作，群众工作等方面经验的交流与共享。治理要素囊括了提升地方政府间跨域治理效能的诸多因素，如政府政策的有效度、利益相关者的参与度、对行政官员行政行为的合规监管力度、普惠政策的落实面与落实力度等。可见，治理要素是动态变化而不是一成不变的。因此，需要加强各类相关要素之间的耦合，实现动态平衡和集聚发展。产业要素涵括了促进成渝经济区产业升级换代的诸多因素，如科技创新力、科研成果的产业转化率、公共基础设施的匹配度等。要实现经济产业的新常态需要各类要素聚合发展，形成推动成渝经济产业顺利度过"阵痛期"，实现"质"的突破与升级的合力。

2. 产业对接性

产业合作是成渝经济区地方政府跨域治理的主要领域，并且是进行交通、教育、就业、医疗卫生等各项合作的先决条件。良好的产业对接性是成渝经济区经济效益提高的重要保障，是成渝经济区成为推动整个西部大开发新引擎的主要推动力。产业对接性主要体现在纵向和横向两个维度。首先，从纵向角度考察，成渝经济产业应当形成上下游关系，可以形成良好的产业转移承接力。成渝根据自身的资源条件和发展布局来构建产业设计，建构跨区域经济产业链。其次，从横向角度考察，成渝经济区的产业应当形成相关性，产业之间形成波及力，进而扩大产业的空间范围，并构建完整的产业圈。因此，具有高度耦合性的跨区域产业应当产生由纵向拉伸效果和横向波及效果相互作用而聚合成的乘数效应，在跨区域间通过纵横交错的产业联系，构建起完善的经济产业圈层。

例如，产业布局协同要求在整个成渝经济区内根据地理条件、资源条件、经济辐射力等因素划分不同的产业功能区，强化各功能区之间的分工与合作，形成各功能区的优势产业，构建"一区一特色"和"一区一主导产业"的产业布局，并在此基础上构建成渝经济区产业集群，推动成渝经济区在全国市场中的核心竞争力。产业市场统一度要求形成高效统一的市场机制与市场设计，因为混乱的市场规划会带来诸多恶劣影响，如资源、技术、资本等要素的自由流向、流速和流量会受到严重的阻滞，同时也阻碍了产业体系的纵深化发展。因此，成渝经济区地方政府间要加快高层对话，在听取相关专家和企业代表意见与建议的基础上，形成成渝经济区统一的市场标准，构建有利于生产要素、人才资源自由流动、配置的成渝大市场环境。合作项目的扶持力度强调成渝地方政府在跨域治理的公共项目上加强多要素的投入与整合，如政策优惠、税收减免、基础设施的完善等。财政政策的支持力度毫无疑问是强调了地方政府对成渝经济区产业发展加强财政投入，以帮助其在产业链调整、产业升级等方面加速发展。

3. 定位配比性

城市定位能明确城市发展的方向，是城市关于其发展总目标、总路线等全局性、长期性、整体性的规划。良好的城市定位有利于城市调整经济布局，完善产业结构，推动经济发展、文化进步、生态优化、人民安居乐业的协同发展。近年来，各个城市为提升城市竞争力，根据城市历史文脉、产业发展、城市区位、城市职能分工、城市群区域等因素提出了自身城市定位。❶ 而成渝经济区最显著的特点就是形成了成都和重庆相互竞争和合作的双子星结构，而成渝的定位将直接影响整个经济区的发展。

例如，区域经济发展定位要求成渝经济区的各产业功能区要明确自身经济发展方向，勾勒出自身的经济发展模式，明确是以第三产业为主导产业还是以第二产业为主导产业。区域治理功能定位是要求各地方政府明确本区域的主要社会功能，仿效美国跨区域治理实务操作中所形成的"特殊服务区"来构建区域的主导社会功能，也可以通过外包等形式促进区域社会治理能力的专业化。例如，在某些合作区域强化其教育功能，将其构建为成渝经济区的核心教育基地和文化发展中心；在某些合作区域强化其生态保护功能而发展为园林园艺区。争议化解的实现方式是多个维度的，既可以是自上而下的也可以是自下而上的。自上而下就要求地方政府将高层对话与友好往来常态化，促进经济、政治、文化等各个方面的互信。自下而上就要求强化民间组织的力量，由民间力量推动区域间争议高效、妥善解决。政府职能协作程度即是地方政府在政策制定、顶层制度设计等领域深化交流与合作。

7.3.2　协同性

协同性是关注成渝经济区地方政府跨域合作现实属性的绩效评价指标，主要由执行政策的系统化、公共服务的均等化、交通运输的通达化三个维度构成，旨在优化、完善横向互动平台与伙伴合作网络关系的组织形式，协同整合跨域治理中地方政府间咨询、规划、协调的组织职能，有效对接政府合作的具体领域，如电子政务的组织技术等。

1. 执行政策的系统化

成渝经济区除了受经济区管理委员会的直接管理外，势必会受到成渝地方政府政策的影响。因此，要促进成渝经济区高效快速发展，必须构建成渝政府基于经济区合作的系统化政策体系以形成推动良性治理的合力以及政策叠加效应。成渝经济区在构建执行政策系统化的道路上做出了长期的努力，也取得了

---

❶ 李泓江：《成渝经济区发展关系研究》，电子科技大学学位论文，2012 年。

一定的成果，但客观上由于风险和利益分配等制约因素，合力型政策的构筑依旧任重而道远。

例如，政策规划一致性强调各地方政府在制定涉及跨区域公共事件的政策、策略时必须保持一致性与稳定性，针对跨区域的公共事件和项目应该由相关地方政府牵头，形成由相关领域专家、政府人员、利益相关者代表组成的政策评估小组，从各个视角考量政策的合理性、一致性和可操作性等。区域信息传导渠道要求构建跨区域的信息传输网络以保证区域间的信息共享，建立统一的网络信息平台，并主要涵括政府政策、经济发展、文化繁荣和民生热点等几大信息板块。合作事项执行措施侧重于考察地方政府对于合作项目规划的落实情况，包括落实的广度与深度以及取得的阶段性成果。区域协议制定完备程度则考量地方政府在制定跨区域协议的全息性，区域协议应该以产业合作为主体，以医疗卫生、基础教育、公共设施为主要发展点，并就合作过程中可能产生的风险和利益纠纷做出预设性的判定和合规化的处理。

2. 公共服务的均等化

公共服务是成渝经济区综合实力的重要构成因素，而实现公共服务的均等化则是经济区域治理能力与效果的重要指标。公共服务主要涵括住房、医疗、教育、就业等民生重点领域，完善的公共服务是提高公众满意度的基础，也是实现经济区可持续性发展的重要保障。公共服务均等化的实现能够有效促进区域核心竞争力，也是在"用脚投票"的时代形成显著优势的关键。

例如，公共服务标准规划强调建立区域间整体公平基础上差异化的公共服务标准，这是基于对各区域经济实力的考量，也是为了促进总体公共服务水平。标准的制定要充分听取区域居民的意见与建议，并提请相关专家学者进行论证，最后由地方政府的人大会议审议通过。公共服务资源整合就是统筹各地方政府的公共服务的资源优势，形成统一的跨区域公共文化服务供给平台，并根据区域特色构建公共服务专享区，形成"一区一特色"的公共服务布局结构。公共服务绩效评估即是要对公共服务协同供给的范围与效度做出完善的评估，并向各地方政府做出综合反馈，以提高其自我改进的能力。

3. 交通运输的通达化

交通运输的多样化、通达化是促进区域内市场要素自由流动，加强经济联系的重要条件。现代交通运输体系主要涵括公路、铁路、航运、河运和海运等几大类别，完善的交通运输网络能够结合这几类运输方式的优点而形成综合运输方式。成渝经济区交通运输便利，对于促进区域联系发挥了举足轻重的作用，而且还在强劲发展之中。

例如，交通方式丰富度强调成渝经济区各区县间的交通运输方式的多样化程度，应当涵括公路、铁路、航运、河运等几大类别，并且形成完善的交通运输网络，构建"1小时经济圈""2小时治理网络"等。交通运输快捷性即是考察各类交通运输方式的时速，增加科技投入，适当提速。区域物流发达程度即是考察跨区域间的物流配送水平，包括配送的时效性与安全性。边缘区县可到达度即是分析在成渝经济区的整体区划内是否真正意义上促进了边缘区县与经济辐射能力较强的中心区县的融合，而交通运输在融合过程中起了至关重要的作用。

7.3.3 可持续性

可持续性是关注成渝经济区地方政府跨域合作未来属性的绩效评价指标。高效的跨域治理不仅有基于过去式属性的合作可行性和基于现实属性的既有合作策略，更应当有基于未来属性的可持续的优化路径考量。可持续性是成渝经济区合作效度的理性诉求，主要表现为城乡统筹度、区域均衡度两个维度。

1. 城乡统筹度

作为区域可持续性发展的重要指标，统筹城乡发展主要着力于构建城乡经济链，通过市场机制促进城乡间经济要素的自由流动与配置，着力于实现城乡公共服务的均等化，大力促进文化下乡活动，着力解决城乡二元结构，使城乡居民拥有同等的医疗卫生权，真正实现城乡一体化。成渝经济区虽然在统筹城乡发展的进程中取得了显著的成绩，但城乡二元结构仍然较明显。

例如，协商平台主要涵括民间平台、官方平台以及网络平台等类型。民间

表7-1 成渝经济区调查样本区与样本量一览

样本区与样本量一览				
区域	城市	样本区	有效问卷量	在总样本中的比重（%）
一区——成渝经济区	成都市	武侯区	92	5.02
		青羊区	86	4.70
	重庆主城	江北区	96	5.24
		北碚区	90	4.92
	绵阳市（四川）	江油市	88	4.81
		三台县	87	4.75
	德阳市（四川）	旌阳区	95	5.19
		中江县	96	5.24
	长寿区（重庆）	长寿湖镇	97	5.30
		新市镇	93	5.08
	涪陵区（重庆）	焦石镇	88	4.81
		马武镇	89	4.86
	达州市（四川）	通川区	90	4.92
		达川区	93	5.08
	广安市（四川）	官盛	99	5.41
		方坪	94	5.13
	开县（重庆）	温泉镇	86	4.70
		长沙镇	91	4.97
	梁平县（重庆）	柏家镇	89	4.86
		安胜乡	92	5.02
合计			1831	100

区域栏另分：双城、两圈——天府圈、两圈——两江圈、一片

7.4.2 问卷设计

调查问卷的设计围绕着成渝经济区地方政府跨域合作绩效评估的假说模型而展开，在充分借鉴前人的研究基础上，通过在重庆市渝中区和成都市崇州市的预调研，进行问卷修正。正式的调查主要包括外生层面的成渝经济区地方政府跨域合作的耦合性、协同性和可持续性，以及内生层面的公众期望、公众对跨域合作的价值感知和公众对跨域合作效果的满意度。问卷及模型中的变量含义和取值见表7-2。

表7-2 问卷及模型中的变量及取值

变量定义	潜变量		观测变量		
	符号	含义	符号	含义	变量取值
假说模型变量					
客观层面	Coup	耦合性	Comp	资源互补性	很低＝1，较低＝2，一般＝3，较高＝4，很高＝5
			Dock	产业对接性	很低＝1，较低＝2，一般＝3，较高＝4，很高＝5
			Matc	定位配比性	很低＝1，较低＝2，一般＝3，较高＝4，很高＝5
	Coop	协同性	Syst	执行政策的系统化	很低＝1，较低＝2，一般＝3，较高＝4，很高＝5
			Equa	公共服务的均等化	很低＝1，较低＝2，一般＝3，较高＝4，很高＝5
			Mast	交通运输的通达化	很低＝1，较低＝2，一般＝3，较高＝4，很高＝5
	Sust	可持续性	Manp	城乡统筹度	很低＝1，较低＝2，一般＝3，较高＝4，很高＝5
			Bala	区域均衡度	很低＝1，较低＝2，一般＝3，较高＝4，很高＝5
主观层面	Expe	公众期望	Exce	优质服务	很低＝1，较低＝2，一般＝3，较高＝4，很高＝5
			Effi	高效服务	很低＝1，较低＝2，一般＝3，较高＝4，很高＝5
			Comr	全方位服务	很低＝1，较低＝2，一般＝3，较高＝4，很高＝5
	Perc	公众价值感知	Self	自我价值实现感知	很低＝1，较低＝2，一般＝3，较高＝4，很高＝5
			Soci	社会价值实现感知	很低＝1，较低＝2，一般＝3，较高＝4，很高＝5
	Sati	公众满意度	Tran	政策信息透明度	很低＝1，较低＝2，一般＝3，较高＝4，很高＝5
			Expr	民意表达畅通度	很低＝1，较低＝2，一般＝3，较高＝4，很高＝5
			Part	跨区域参与程度	很低＝1，较低＝2，一般＝3，较高＝4，很高＝5
			Egov	电子政务对接程度	很低＝1，较低＝2，一般＝3，较高＝4，很高＝5
			Tsat	总体满意度	很低＝1，较低＝2，一般＝3，较高＝4，很高＝5

7.4.3　调查方法

考虑到受访群体的文化层次，调查选用访问问卷的形式进行，即由调查员基于问卷问题采访被调查者，并由调查员根据被调查者的实际回答来填答问卷，以保证问卷的有效性与真实性。本次调查在 20 个样本区中各发放问卷100 份，总计 2000 份，调查共获得有效问卷 1831 份，有效回收率为 91.55%。整个调查在 2015 年 7 月至 2016 年 4 月完成。

7.4.4　样本的统计描述

1. 调查对象的基本特征

本次调查分别在武侯区获得 92 个样本，青羊区获得 86 个样本，江北区获得 96 个样本，北碚区获得 90 个样本，江油市获得 88 个样本，三台县获得 87个样本，旌阳区获得 95 个样本，中江县获得 96 个样本，长寿湖镇获得 97 个样本，新市镇获得 93 个样本，焦石镇获得 88 个样本，马武镇获得 89 个样本，通川区获得 90 个样本，达川区获得 93 个样本，官盛获得 99 个样本，方坪获得 94 个样本，温泉镇获得 86 个样本，长沙镇获得 91 个样本，柏家镇获得 89个样本，安胜乡获得 92 个样本，总计 1831 个样本。

从调查对象的情况来看，在性别层面，被调查者以女性为主，女性群体为1032 名，占样本总数的 56.36%；在年龄层面，中年群体（35~45 岁）占比最高，约占 20.09%；在教育层面，被调查者群体主要集中于高中与本科教育层次，分别占 18.15% 和 16.32%，总计 632 人；在被调查者对成渝经济区地方政府跨域合作的熟知程度上看，对于成渝经济区完全不知晓、不太知晓、一般、比较知晓、非常知晓的调查对象分别占 8.33%、16.32%、23.49%、45.17% 和 6.72%，可见，调查对象作为成渝经济区辖区居民总体上对成渝经济区地方政府跨域合作的主要政策、措施、项目、成果比较了解。

2. 调查对象的总体满意度

在结构方程模型中，外生层面的耦合性、协同性、可持续性以及内生层面的公众期望作为自变量，内生层面的公众对地方政府跨域合作的价值感知作为中介变量，而内生层面的公众满意度则是因变量，是成渝经济区地方政府跨域合作效果的核心表征。在分析中，公众满意度主要包括政策信息透明度、民意表达畅通度、跨区域参与程度、电子政务对接程度和总体满意度五个维度。

如图7-4所示，在电子政务对接程度层面，调查对象的回答主要集中在一般和较高两个维度，总占比61.69%；在跨区域参与程度层面，被调查者中有33.49%表示满意度较高；在民意表达通畅度层面，超过60%的调查对象表示满意度一般或较低；在政策信息透明度层面，将近一半被调查表示对其满意度较低。从四个满意度构面考察，成渝经济区地方政府跨域合作效果的电子政务对接度程度、跨区域参与程度、民意表达通畅度和政策信息透明度的效果均不是非常令公众满意，成渝地方政府在跨域合作推进的道路中仍任重而道远。

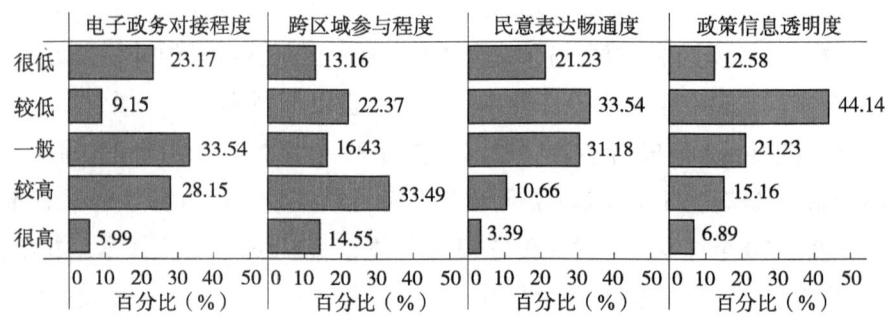

图7-4 公众满意度（%）

如图7-5所示，有超过一半的被调查者表示对成渝经济区地方政府跨域合作效果的总体满意度较低或很低，可见成渝经济区的跨域合作成果在利益相

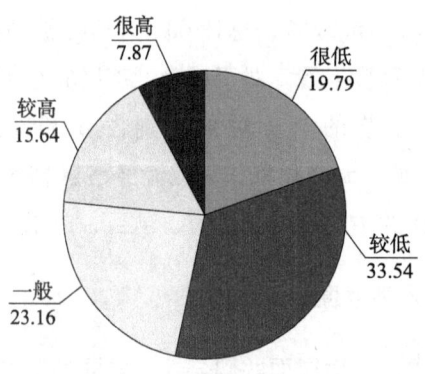

图7-5 成渝经济区地方政府跨域合作效果总体满意度（%）

关者群体中的认可度亟待提高。成渝经济区地方政府跨域合作的核心价值导向应当是"以人为本"，直接目标是促进成渝经济区综合竞争力的全面提升，构建西部大开发的双向引擎，而其根本追求是实现区域社会成员生活水平的提高。因此，成渝经济区跨域合作的纵深化发展迫切需要使合作成果惠及广大公众，提高公众的总体满意度。

3. 基于区域差异的满意度分析

从区域角度考察，在双城（指成都市和重庆市主城九区）和两圈（指环绕成都市由绵阳、德阳等组成的天府圈以及环绕重庆主城九区由长寿区、涪陵区等组成的两江圈）的被调查者对成渝经济区地方政府跨域合作效果的总体满意度回答较高和很高的比重显著高于一片（指由达州、广安、开县、梁平县等组成的成渝边缘交界片区）地区的被调查者。结合上文成渝经济区地方政府间合作数量易知，地方政府间合作数量呈现成都市和重庆主城两个极高峰，并逐渐向四周递减，而至川渝交界片区的数量最低，由此形成"成—渝双子星结构"。而地方政府的跨域合作频度越高，所形成的效果一般越显著，公众的感知度也越高，成果的惠及度也越高，由此提升了公众的总体满意度（见表7-3）。

表7-3 不同区域公众对成渝经济区地方政府跨域合作效果总体满意度

不同区域公众对成渝经济区地方政府跨域合作效果的总体满意度（%）					
区域 ＼ 满意度	很低	较低	一般	较高	很高
成渝经济区 双城	8.32	18.33	30.58	22.56	20.21
成渝经济区 两圈	9.99	21.21	22.19	35.18	11.43
成渝经济区 一片	20.18	28.55	30.22	16.74	4.31

7.4.5 实证分析

1. 样本的科学性检验

"信度是指测量指标前后的一致性程度，是一项研究在多大程度上具有可重复性。"❶ 目前，在社会科学研究领域，Cronbach's α 使用最为广泛。Cronbach's α 的值域为 0 到 1，若 α 小于 0.35，则表示信度较低；若 α 处于 0.35 到 0.55 之间，则表明信度一般；若 α 位于 0.55 到 0.75 之间，则表明信度较高；若 α 大于 0.75，则表明信度非常高。显见，系数值 α 越趋向于 1，则信度越高，测量指标间的内部一致性越高。此外，折半信度系数（Guttman split-half coefficient）也常作为 Cronbach's α 的补充检验，与后者形成信度检验的综合体系。一般情况，折半信度系数值要大于 0.5，表明检测变量能较好地反映同一个潜变量，若折半信度系数过低则需要删除相关问题，并重新检验（见表 7-4）。

表 7-4　公众对成渝经济区地方政府跨域合作效果满意度的信度系数

公众对成渝经济区地方政府跨域合作效果满意度的信度系数		
潜变量	Cronbach's α	折半信度系数
耦合性（Coup）	0.667	0.598
协同性（Coop）	0.841	0.687
可持续性（Sust）	0.783	0.802
公众期望（Expe）	0.657	0.731
公众价值感知（Perc）	0.773	0.669
公众满意度（Sati）	0.816	0.828

如表 7-4 所示，除耦合性与公众期望略小于 0.7 外，剩余的 4 个变量都明显高于 0.75，其中协同性和公众满意度更是显著高于 0.8。此外，所有潜变量的折半信度系数都明显高于 0.5，其中可持续性和公众满意度的折半信度系数均高于 0.8。信度检验表明，从总体上看，各个潜变量对应的问卷设问具有较好的信度，其中，公众满意度的问题选项设置最为合理，内部一致性最高。

2. 样本的拟合度检验

表 7-5 表明整体模型适配度较好，说明本文提出的研究模型与实际调查数据有较高的契合度，"成渝经济区地方政府跨域合作绩效评估图"的路径分析的假说模型得到了支持。

---

❶ 戴钢书：《思想政治教育统计研究方法论》，人民出版社，2005 年。

表 7 - 5　SEM 整体适配度检验结果表

SEM 整体适配度检验结果表				
检验统计量		说明	检验值	标准值	备注
适配度指数	NFI	规范拟合指数	0.788	>0.80	接近
	IFI	增量拟合指数	0.813	>0.80	理想
	TLI	塔克—刘易斯指数	0.904	>0.80	理想
	CFI	比较拟合指数	0.841	>0.80	理想

7.4.6　模型路径分析与主要结论

"Amos 分析软件内定的估计法是极大似然估计（Maximum Likelihood, ML）法。研究证实，ML 法在大多数情境下其参数估计值较其他方法更佳。但使用 ML 法进行参数估计的前提假设是，数据必须符合多变量正态性的假定。"[1] 峰度系数为 2.118，临界比率值为 0.813，它们构成了本模型的多变量指标体系，表明基本满足 SEM 对观测变量数据的测量标准与要求。见表 7 - 6。

表 7 - 6　SEM 分析结果

SEM 分析结果			
模型	路径	参数估计值	临界比率值
结构模型	Sati←Coup	1.128	2.765
	Sati←Coop	0.754	3.293
	Sati←Sust	1.890	2.476
	Sati←Expe	1.233	3.717
	Sati←Perc	1.713	2.541
测量模型	Comp←Coup	1.000	—
	Dock←Coup	2.314	3.718
	Matc←Coup	0.276	0.916
	Syst←Coop	1.000	—
	Equa←Coop	1.052	2.639
	Mast←Coop	2.779	3.102
	Manp←Sust	1.000	—

---

[1] 吴林海、侯博、高申荣：《基于结构方程模型的分散农户农药残留认知与主要影响因素分析》，《中国农村经济》，2001 年第 3 期。

续表

SEM 分析结果			
模型	路径	参数估计值	临界比率值
测量模型	Bala←Sust	0.226	1.019
	Exce←Expe	1.000	—
	Effi←Expe	4.232	2.138
	Comr←Expe	0.426	0.858
	Self←Perc	1.000	—
	Soci←Perc	4.132	2.138
	Tran←Sati	1.000	—
	Expr←Sati	5.423	3.379
	Part←Sati	4.132	2.838
	Egov←Sati	0.346	1.516
	Tsat←Sati	1.481	2.859

注：① 参数估计值与估计值标准误的比值即为临界比率值，若该值的绝对值大于1.96，则显著性水平达到0.05；若该值的绝对值大于2.58，则显著性水平达到0.01。

② "—"表明该路径是 SEM 参数估计的基准路径，是其他路径分析的参照路径。

结构模型方程（4）和测量模型方程（5）根据模型的标准化系数构建，具体形式如下所示：

$$Sati = 0.329 \times Coup + 0.436 \times Coop + 0.281 \times Sust +$$

$$0.437 \times Expe + 0.565 \times Perc + e \tag{4}$$

$$
\begin{bmatrix} Comp \\ Dock \\ Matc \\ Syst \\ Equa \\ Mast \\ Manp \\ Bala \\ Exce \\ Effi \\ Comr \\ Self \\ Soci \\ Tran \\ Expr \\ Part \\ Egov \\ Tsat \end{bmatrix}
=
\begin{bmatrix}
0.561 & 0 & 0 & 0 & 0 & 0 \\
0.212 & 0 & 0 & 0 & 0 & 0 \\
0.341 & 0 & 0 & 0 & 0 & 0 \\
0 & 0.674 & 0 & 0 & 0 & 0 \\
0 & 0.423 & 0 & 0 & 0 & 0 \\
0 & 0.228 & 0 & 0 & 0 & 0 \\
0 & 0 & 0.449 & 0 & 0 & 0 \\
0 & 0 & 0.418 & 0 & 0 & 0 \\
0 & 0 & 0 & 0.548 & 0 & 0 \\
0 & 0 & 0 & 0.712 & 0 & 0 \\
0 & 0 & 0 & 0.579 & 0 & 0 \\
0 & 0 & 0 & 0 & 0.346 & 0 \\
0 & 0 & 0 & 0 & 0.745 & 0 \\
0 & 0 & 0 & 0 & 0 & 0.228 \\
0 & 0 & 0 & 0 & 0 & 0.745 \\
0 & 0 & 0 & 0 & 0 & 0.736 \\
0 & 0 & 0 & 0 & 0 & 0.289 \\
0 & 0 & 0 & 0 & 0 & 0.514
\end{bmatrix}
\times
\begin{bmatrix} Coup \\ Coop \\ Sust \\ Expe \\ Perc \\ Sati \end{bmatrix}
+
\begin{bmatrix} e1 \\ e2 \\ e3 \\ e4 \\ e5 \\ e6 \\ e7 \\ e8 \\ e9 \\ e10 \\ e11 \\ e12 \\ e13 \\ e14 \\ e15 \\ e16 \\ e17 \\ e18 \end{bmatrix}
\tag{5}
$$

潜变量间的相互关系由结构模型方程（4）反映。结果表明，地方政府跨域合作的耦合性、协同性、可持续性、公众对地方政府跨域合作效果的期望、公众对跨域合作价值感知都对公众对成渝经济区地方政府跨域合作效果满意度具有显著的正向效应。同时，耦合性、协同性、可持续性、公众期望和公众价值感知的标准化路径系数分别为 0.329、0.436、0.281、0.437 和 0.565，表明公众价值感知对公众对成渝经济区地方政府跨域合作效果满意度的影响最大，且价值感知每增加 1 个单位，公众满意度就增加 0.565 个单位，就其影响程度而言，公众期望次之，然后依次是协同性、耦合性和可持续性。

观测变量与潜变量间的相互关系由测量模型方程（5）分析得出，具体分析如下：

资源互补性（标准化路径系数为 0.561）是对成渝经济区地方政府合作耦合性影响程度最大的可观测变量，且影响方向为正，易知，资源互补性越高，地方政府间合作的耦合性越高。

执行政策系统化（标准化路径系数为 0.674）是对成渝经济区地方政府合作协同性影响程度最大的可观测变量，且影响方向为正。究其原因，只有地方政府合作从非正式的偶然层面走向正式的制度层面，并且合作政策具有同向性，才能形成发挥合力作用的政策社群，进而提升地方政府合作的效度与效益。

城乡统筹度（标准化路径系数为 0.449）和区域均衡度（标准化路径系数为 0.418）对成渝经济区地方政府合作可持续性的影响程度较为接近，且均为正方向，表明城乡统筹度越高，区域均衡度越高，地方政府间合作的可持续性越高。

优质服务（标准化路径系数为 0.548）、高效服务（标准化路径系数为 0.712）和全方位服务（标准化路径系数为 0.579）都对成渝经济区地方政府合作的公众期望产生重要影响，且方向均为正，其中高效服务的影响程度尤其大。随着成渝经济区地方政府合作的纵深化发展，公众对地方政府的服务不仅在质量层面呼吁优质服务，在内容层面呼吁全方位服务，更在效率层面呼吁高效服务。这与现阶段成渝地方政府在合作过程中公众事务的办事手续烦琐等现状形成了鲜明的反差，可见，公众基于其现实境遇而期望有高效的政府服务。

社会价值实现感知（标准化路径系数为 0.745）对公众对成渝经济区地方

政府合作价值感知的影响明显高于自我价值实现（标准化路径系数为 0.346）。究其原因，本研究中，公众对自我价值的实现主要是指成渝经济区地方政府跨域治理推进过程中，真正把利益相关者纳入治理主体，使社会公众可以在地方政府合作框架内参与社会治理，实现自我价值。而公众对社会价值实现的感受主要是指社会公众对社会福祉增进所产生的切身体会，如社会养老保险、医疗保险、失业保险、工伤保险、生育保险和住房公积金的完善给社会公众带来的感受。而现阶段，公众的价值感知还主要集中于成渝经济区地方政府合作所带来的"利益获得"而非"主体创造"层面。

政策信息透明度（标准化路径系数为 0.745）和民意表达畅通度（标准化路径系数为 0.736）对成渝经济区地方政府间合作的居民满意度的影响程度均较大。政策信息透明度和民意表达畅通度是公众参与成渝经济区地方政府合作的重要前提，前者侧重于知晓，后者侧重于表达，两者相互贯通，共同构筑起公众与地方政府的交流沟通机制。

不难发现，标准化路径系数大于 0.7 的有高效服务、社会价值实现感知、政策信息透明度、民意表达畅通度等指标，因此，要提高居民对成渝经济区地方政府跨域合作的满意度可以从三点着力。首先是提供高质量的公共服务。地方政府作为纳税人的出资代表理应为居民提供切实有效的行政服务，为居民带来跨域合作有助于公共服务水平提高的真切感受。其次是提高居民参与度。毫无疑问，居民作为区域主体并不仅仅是跨区域合作的旁观者，地方政府要努力引导居民成为跨区域合作的参与者与拥护者。最后是加强政府与居民的沟通与互信。只有居民全面而深刻地认知政府间跨区域合作的目的与政策，才能提高居民的支持度与理解度，降低跨区域合作的民间阻力。

第八章 个案约取：成渝经济区地方政府跨域治理合作的典型评析

8.1 以成都"飞出"为典型的经济合作模式

8.1.1 飞地经济概述

"飞地"一词肇始于地理学，指的是主权或行政权属于某国家或地区的土地不与其所属的国家或地区的大部分领土相邻，诸如美国的阿拉斯加、俄罗斯的加里宁格勒等。

随着全球化的发展，"飞地"一词越来越受到经济学与公共管理学等领域的重视，而"飞地经济"作为一种新型的区域经济发展模式在理论层面得到更多的探讨与研究，在实践层面也得到更多的运用与探索。本书所采用的飞地经济指的是在行政区划上并无隶属关系，在经济发展水平上存在一定的梯度差异或优势互补关系，打破行政区划桎梏，采取跨域联合开发、经营与管理，构建具备风险共担、利益共享、合作共赢特征的区域经济发展模式。发展飞地经济要以共同的利益基础为根本，以高效的合作机制为保障，而发展飞地经济的核心在于妥善处理飞出地与飞入地的关系。飞出地是指把自身或者引进的项目或资金转移到其他行政区划单位的主体；而飞入地则是指承接来自中转性行政区划单位的项目或资金的主体，并对自身的经济管理权和税收权益进行部分让渡。在此基础上，飞出地与飞入地在明确各自的责任下，协调利益、降低风险、强化合作。飞出地与飞入地的基本关系如图 8 −1 所示。

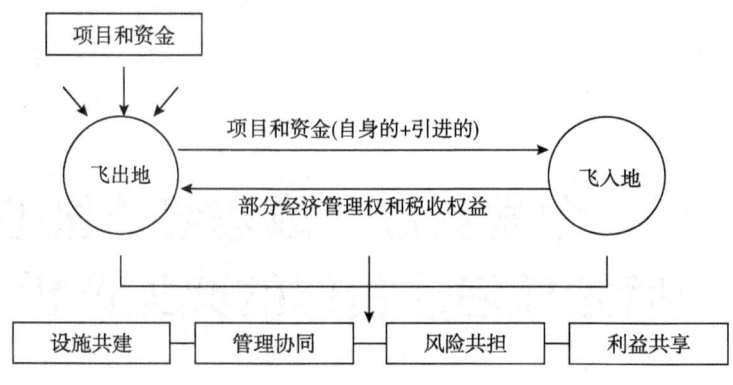

图 8 – 1　飞出地与飞入地的相互关系

8.1.2　飞地经济对于区域合作的价值

1. 协调区域经济发展

飞地经济对区域经济增长的动力作用是学界、政府以及社会公众的核心关注点，其对区域经济的引擎效应则是其生命力的全部来源。飞地经济为飞入地带来了大量的资金、技术、人才以及将诸多市场要素聚合起来的产业项目，促进了飞入地经济的发展。此外，在吸引产业项目的倒逼之下带动飞入地的基础设施建设，完善了交通、通信、电子等空间布局，提高了飞入地的产业承接能力。除了基础设施的完善外，飞地经济对于飞入地的价值还突出表现在社会民生等领域，项目的引进推动了当地的就业，完善了公共服务设施，提高了居民生活水平。

飞地经济突破了传统援助型项目的局限性，巨大的经济互动效应极大地增强了飞出地的积极性。飞出地通过将引进的以及自身的资金和项目转移到飞入地，并为飞入地的产业项目提供技术与人才支撑，以此获得飞入地部分经济管理职权与税收权益。一方面，飞入地的地价、劳动力价格往往低于飞出地，飞出地由此攫取产业项目转移的溢出价值；另一方面，部分低端产业与高耗能产业的转移有利于飞出地本土产业的转型升级以及深化高精尖的转型倾向。从实质上来说，飞地经济是飞出地与飞入地风险共担、利益共享的合作共赢式发展模式，缩小了飞出地与飞入地的经济梯度差异，提高了区域经济整体发展水平，为强化区域合作构建了经济纽带。

2. 强化地方政府间合作

改革开放以来，部分地区唯 GDP 主义思想是从，以行政主体区划为经济发展单位，加强了资源争夺、环境破坏、经济效益低、府际关系恶劣的趋势。而飞地经济是对传统各自为政的发展模式的强有力突破，要求打破行政区划的禁锢，展开跨区域产业合作与经营管理，强化了地方政府间的沟通与交流，深化了区域经济与政治的互信与互补，使风险共担与利益共享最终成为地方政府间合作的常态。

飞地经济能有效推动地方政府间合作从偶然的、个案的、非正式的向常态的、系统的、制度化的方向发展。飞地经济由飞出地政府与飞入地政府通过一系列的合作框架、意见、协议、备忘录、宣言等地方政府间书面协议促成，由此明确基础设施建设、经济事务管理等合作机制，最终通过稳定的利益机制来强化地方政府间的深入合作。这种基于地方政府间签署的协议所展开的共同建设、经营与管理，促进了区域合作的常态化、实效化和制度化。

3. 加速治理主体的网络化趋向

飞地经济是对多主体、参与式区域合作模式的呼唤，要求打破行政界限的禁锢，由地方政府牵头，形成包括行业协会、企业、社会公众、媒体等在内的区域合作网络。毫无疑问，地方政府在此间扮演着舵手的角色，发挥着润滑剂的作用。

地方政府需要通过一系列的合作协议为飞地经济的实现提供政策保证与财税支持等，通过基础设施的建设加强产业项目的承接能力，并建立多层级园区开发与管理机构，地方政府联席会议具有引导和监督作用，而由园区管理委员会全权负责园区的日常管理，开发公司则是产业项目市场化运作的重要保障。企业则是飞地经济的主体，在政府政策的支持与引导下，企业按照自主、平等等市场原则进行合作。飞地经济的健康快速发展也离不开行业组织的参与，行业组织起到对行业内部环境的规范作用，增强经济主体的自律性。媒体也是飞地经济高效发展的重要组成力量，媒体通过议程设置等功能提高飞地项目的社会知名度，并帮助其提高社会美誉度。

8.1.3 成都"飞出"缘起

1. 政策支持

政策是飞地经济得以形成与发展的重要保障。成渝经济区地方政府的合作协议、发展纲要等多处强调发展飞地经济，促进区域协调发展。2011 年，四川对转移项目实行"一个机构管理、一个窗口对外、一条龙服务"的原则，以此推进产业转移，创新合作方式。成都市市委也多次强调发展飞地经济，表示市政府和各级地方政府将为产业承接和项目转移提供多层次服务和全方位的政策支持。因此，来自政府政策的鼓励和支持，为成渝经济区内以成都为主要飞出地为典型的飞地经济模式提供了诸多保障。首先是加强了基础设施建设。根据飞入地的经济水平和税收分成机制一般会形成飞入地完成合作产业园区的基础设施建设、飞出地完成合作产业园区的基础设施建设、双方合作共建三类。成都在飞出过程中以合作共建产业园区基础设施为主。其次是稳定的资金流保障。园区投资开发公司的主要资金来源为地方政府的财税收入，以地方政府税收为保证的资金流相对于企业资产具有较高的稳定性，并且以地方政府作为贷款主体，能从金融机构获得相对较高的贷款额。最后是合作环境的保障。一方面，地方政府组织的规模化、系统化的产业转移与承接活动具有较高的稳定性；另一方面，政府的政策也为产业园区的发展提供了可持续性更强的发展环境。

2. 经济水平的梯度性

经济发展水平的梯度性是飞地经济形成与发展的重要动力，由此形成向他地转移项目、资金、技术，并获取他地部分经济事务管理权和税收分成权益的飞出地以及承接飞出地的项目、资金、技术，参与开发园区的基础设施建设并向飞出地让渡部分经济管理权和税收权益的飞入地。经济发展水平的梯度性具有强大的推动力，促使地方政府间进行合作，进而形成开发园区，实现风险共担、利益共享、合作共赢式发展。

作为四川省的首位城市，成渝经济区双子星之一的成都，近年来经济发展水平呈现高歌猛进的态势。2006 年以来，GDP 增速始终保持两位数，且增速逐年稳步增加，对全省经济贡献率全面提升。成都周边市县的经济发展速度虽然也有大幅度提高，但相较于成都而言，其增速仍较慢，且区域间发展差距呈现出扩大化的趋势。因此，成都与周边市县的发展梯度差异是进行飞地经济的重要动力，而实现区域协调发展，促进双方合作共赢则是发展飞地经济的重要目标。一方面，成都通过项目输出和产业转移获得在飞入地的经济溢出价值，获得劳动力价格优势，并实现本地产业升级，提高经济发展效率，逐步淘汰高污染、低产出的产业项目，引进和发展文化产业、生态产业等高创意投入、高投资回报的现代化产业；另一方面，成都周边市县通过承接成都的产业，引进成都自身以及成都引进的项目与资金，加速自身发展。因此，成都与周边市县的经济发展的梯度差异使双方都产生进行飞地合作的巨大动力与积极性，由此，双方基于飞地经济的全方位合作更具层次性和稳定性。

8.1.4　以成都为核心的飞地经济的模式分析

由飞入地和飞出地共同开发建设产业园区是典型的飞地经济模式。成都飞出过程中也不例外，它通过产业园区的开发与管理，与飞入地进行风险共担、利益共享式合作。作为实践过程中的首位城市，成都市逐渐与周边的市州合作共建了诸多合作园区。市州涉及资阳、凉山，建成的园区诸如成资、成眉等。这些园区的成效都较为鲜明，并且在逐步推进深入发展。除此之外，眉山、德阳等地参考成都进行了"飞地"工业园区模式的构建，以期实现资源的良好整合，最终合作共赢。见表8－1。

表8－1　成都飞地工业园区建设情况

飞地产业园名称	区位	规划面积	政府协议	主要产业	2015年上半年园区经济发展状况				
					固定资产投资	基础设施投资	工业生产总值	工业增加产值	引进项目数量
成阿工业园	金堂县淮口镇	10平方公里	《关于共建工业集中发展区的协议》	新材料、汽车、电子信息	20.6亿元	5.3亿元	7.96亿元	2.14亿元	5个
成德工业园	德阳中江	13平方公里	《成都德阳同城化发展框架协议》	电子信息、机械制造、食品饮料、家具轻纺	14.38亿元	1.99亿元	11.3亿元	3.2亿元	6个

飞地产业园名称	区位	规划面积	政府协议	主要产业	2015 年上半年园区经济发展状况				
					固定资产投资	基础设施投资	工业生产总值	工业增加产值	引进项目数量
成雅工业园	雅安市名山区境内	50 平方公里	《共建工业集中发展区协议》	机械制造、电子信息	1.18 亿元	0.46 亿元			7 个
成眉工业园	彭山县西南面			石化、五金	5.71 亿元	0.51 亿元	7.1 亿元	2.2 亿元	
成凉工业园	西昌北部		《成都—凉山区域合作"1+8"战略框架协议》		4.7 亿元		65 亿元		
成资工业园	简阳市养马镇	100 平方公里	《成资区域合作框架协议》		0.89 亿元	0.01 亿元	10.9 亿元	2.3 亿元	

表 8-1 是成都在飞出过程中与周边市县建立的飞地工业产业园区的基本情况。成都在飞出形成飞地经济的过程中主要呈现出以下几大特点。

首先是选择周边市县作为飞入地,资阳、阿坝、凉山、眉山、雅安、德阳等飞入地均与成都市同属于四川省。成都市的这种选择行为,一是出于区位条件考虑——资阳等市县都靠近成都,交通较为便利,有利于构建便捷的物流网络,实现互通有无;二是地理上的相近构成了文化上的亲缘性,降低了产业项目在转移和承接过程中所遭遇的文化折扣效应,有效减少了派出管理人员和技术人员与当地员工之间的文化冲突与差异,提高合作的效度;三是资阳等市县都处于成都市的经济辐射范围内,产业承接能力相对较强,实现飞出地与飞入地双方协调发展,有利于提升四川省的整体竞争力,这对于作为省会城市与首位城市的成都市也是极其重要的。

其次是飞地产业园新建与依托原有工业园并重。其中成阿工业园、成雅工业园、成资工业园是成都与飞入地共同新建的飞地产业园;而成眉工业园是将新津—彭山工业园升格为成都—眉山工业集中发展区，成德以德阳中江辑庆—兴隆园区为主体，成凉以西昌北工业集中发展区为起步区。这种新建与旧工业园升级并行的飞地园区策略是基于飞入地的经济水平、产业项目的基础设施要求、税收分成比例等要素综合确定的。新建飞地工业园区能够全新规划布局，完善产业配套，而依托原工业园区的升级转型则可以大大节省初期资金投入，降低成本，也有利于飞入地产业的复兴与加速发展。

最后是飞入地在承接来自成都的产业的同时也承接其他地区的产业，实现多元化发展。成阿等飞地工业园主要承接的是成都的机械制造、五金、石化等重工业项目，这也是成都实现本土产业转型升级的需要，并促进飞地产业园的专业化、特色化建设。例如，成德工业园旨在建设成"成都电子信息产业配套园"。与此同时，飞地产业园也积极引进非成都的产业项目，以谋求多元化发展。

8.1.5　以成都为核心的飞地经济的发展展望

1. 制度设计：强化飞出地与飞入地的互利互补

飞地经济的核心和关键是飞入地与飞出地的利益关系。因此，促使飞地经济健康快速发展，完善关于飞出地与飞入地的经济与社会利益关系的制度是关键。成都作为四川省的首位城市和成渝经济区双子星之一，在飞出过程中具有绝对的话语权，在制度安排与规则设计过程中拥有较高的权威和较大的优势。因此，强化飞出地与飞入地的互利互补关系在发展成都飞出过程中所形成的飞地经济就显得尤为重要。其中，有几点需引起特别的关注。

首先，要保证飞出地与飞入地的平等地位，作为飞出地的成都输出技术、资金，并转移引进或自身的产业项目，具有绝对话语权。而飞入地为引进技术、资金以及产业项目而向成都让渡部分经济事务管理权限和税收权益，因此话语权相对较低。故而要在形成飞地经济的地方政府间的合作协议、共同宣言、合作框架、合作构想等书面文件中明确规定飞出地与飞入地的责权关系，并且在公平公正的原则之上，飞地经济园区的收益权要适当向飞入地倾斜。

其次，要将飞地经济模式提升到全省经济发展战略的高度。要由省委省政府牵头，对全省的飞地经济状况进行地毯式调查，制定飞地工业园区发展状况诊断书和飞地经济发展蓝图，从全省战略高度鼓励地方政府间进行飞地合作，转结构、促就业。并且省委省政府要组建相关学者专家团队，运用大数据、云技术等手段绘制全省飞地经济空间布局图，涵盖上诉调查在内，并总结飞地经济的发展经验，强调参与主体的平等性，保障飞入地的经济与社会权益。

最后，要培养飞入地的自我经济发展能力。通过飞地经济模式为飞入地引进了大量的资金、技术和产业项目，有效地提升当地的经济发展水平以及劳动力就业质量。但这只是作为区域经济发展的"输血"层面，飞入地应当在发展飞地经济过程中积极学习经验，提高自身"造血"能力。毫无疑问，飞出地帮助飞入地提高经济的自我发展能力理应被写入地方政府的合作协议之中。

2. 多元参与：构建网络型飞地经济参与主体

飞地经济有利于促进区域合作的多主体参与正是源于健康、快速发展飞地经济需要构建多主体参与网络，需要以地方政府间合作为基础，并在地方政府的号召下，引入企业、高校、媒体、行业组织以及社会公众等参与飞地经济的建设，由此构建网络化的参与主体，每个网络节点即是一类参与主体，而利益关系即是连接节点的绳索，把各参与主体紧紧连接在一起而形成利益主体网络。这张参与主体网络，一旦受到外力（来自其他区域的产业竞争压力等）就会通过绳索向各节点传递，最终影响整张网络。显然，网络越大，其形成的反作用力就越强，即越能保护整张网络的安全，保障参与主体的利益与权益。

地方政府作为飞地经济的主导者，应通过合作协议框架等明确权责、税收分成比例，为飞地经济的基础设施建设和完善相关配套产业的布局奠定基础，并组建园区投资开发公司，对飞地产业园区进行市场化的开发、运营和管理。企业则是飞地经济的最主要参加者，企业的入住数量以及入住企业的发展水平等均是飞地产业园运营能力与水平的直接表征。企业可以通过政府举办的高峰论坛以及行业协会组织的企业家年会等活动加强沟通与交流，增进互信，逐步提高合作层次。此外，媒体也是飞地经济重要的参与主体之一，媒体通过议程设置等方式来报道飞地项目，提高公众对飞地经济的认知水平，降低项目在实施时受到的来自社会公众层面的阻力。

3. 区域突破：发展省际飞地经济

发展跨省飞地经济是成都从省内飞向省外的必然趋势，也是加强成渝经济区内地方政府间合作，增强成渝经济区整体经济实力和综合竞争力的必然要求。成都在与重庆进行飞地经济合作时，其话语权角色便出现了明显的转变。成都作为四川省的省会城市，在行政级别上属于副省级城市；而重庆作为直辖市，属于省级城市，两者在行政层级上存在明显差异，成都也由原来的高位行政层级转变为低位行政层级。而且由于跨省飞地，政策的区域差异性也就更加明显，这是在成渝经济区内发展省际飞地经济尤其需要重视的。

"川渝合作示范园"可谓川渝发展跨省飞地合作、在成渝经济区范围内进行飞地合作的初步探索。四川和重庆于2010年率先尝试这一探索，四川岳池和重庆沙坪坝所合作建成的"川渝合作示范园"为西部地区打造飞地工业区创造了可能。数据显示，该园区主导产业涉及纺织、食品、装备、汽摩、电子等。在此基础上，成都应当积极探索与重庆的飞地合作，可以先与重庆下辖区县展开飞地合作，进而不断提高飞地合作的领域和程度。在进行跨省飞地合作时，尤其要注意市场环境与政策环境的区域差异性，加强市场考察，增强政府层面的沟通与交流，增强互信。

8.2　以重庆两江新区管委会为典型的组织制度创新

8.2.1　管委会制度简析

开发区管理委员会并不存在于我国的行政机构序列之中，招商引资是其基本职能，而作为政府的派出机构，管委会拥有较大的行政裁量权。作为促进区域经济有效开发与发展的上级政府派出机构，管委会主要具有以下两大特点。

从横向角度考量，管委会在机构设置上显示出了大部制的特点，具体而言就是"宽职能、少机构"。这一特点与以往政府管理模式不相同，减轻了政府内部组织重叠、职能交叉等人浮于事的问题，有利于打破政府部门分割的瓶颈，构建一个新的、有利于政府职能发挥的协调运转机制与体系。以上海浦东新区管委会为例，它具备10个职能部门，分别为办公室、组织部、纪检委员会、综合规划土地局、经贸局、城建局、社会发展局、农村发展局、财税局、工商局，显示了机构精简且高效的特点，成为我国其他省市经济开发区管委会

建设的典范。而 2009 年广东省政府设立的珠海横琴新区管委会更是体现了向
"宽职能"方向变革的趋势，仅设有 8 大局，在机构数量上显示了极简的特
征，见表 8 - 2。

表 8 - 2　珠海横琴新区管委会机构设置

珠海横琴新区管委会机构名称	机构职能
公共建设局	住房和城乡规划建设、国土、交通运输、三防、环保、市政园林等
社会事业局	文体旅、教育、人口计生、卫生、食品药品监督等
党群工作部	纪检监察、党建、组织、人力资源和社会保障、宣传、新闻出版以及群团组织、工青妇、统战、民族宗教事务等

可见，管委会通过内部职能规划与横向合并，有效减少了地方政府的内设
机构，从而促进行政资源的节约和行政的高效化。

从纵向角度考察，管委会权责对等，较好地体现了权责统一的特点，又因
其授权范围可以根据实际需求调节，因而天然地具有灵活性和独立性的特征。
管委会一方面奉行"谁派出对谁负责"的原则，独立于经济开发区的辖区地
方政府而存在，能根据经济开发的实际需求从上级政府获得相应的授权，并摆
脱一般地方行政体系的束缚而有效地开展扁平化的机构设置，力求行政高效
化；另一方面经济开发区管委会与开发区辖区政府相互制衡、相互制约，有利
于行政权力的阳光化运作，实现权力的制约与监督，但由此也会致使管委会与
开发区地方政府间相互扯皮等状况的产生，使行政效率降低。因此，我国经济
开发区管理委员会的发展需要从制度上做出更加完善的安排，在操作领域也要
因地制宜、因时而动，灵活地运用管委会制度，改革传统的行政管理体系，提
高经济开发区的运作效度与效率。

8.2.2　两江新区概述

重庆两江新区作为我国第三个副省级经济开发区，其设立经历了漫长的战
略规划，标志性事件见表 8 - 3。

表 8 - 3　重庆两江新区标志性事件

时间	标志性事件
2007 年 3 月	"314 部署"目标指出要把重庆加快建设成为西部地区的重要增长极
2008 年 9 月	重庆市对"重庆北部内陆开放试验区"调研，该试验区也就是本书所谈到的两江新区的原型
2009 年 1 月	《国务院关于推进重庆市统筹城乡改革和发展的若干意见》肯定了重庆的作用，并把设立"两江新区"这一问题提上日程
2009 年 2 月	《重庆市人民政府贯彻落实"国务院关于推进重庆市统筹城乡改革和发展的若干意见"的通知》表示将竭力争取设立两江新区
2010 年 5 月	《国务院关于同意设立重庆两江新区的批复》中对两江新区的规划面积、产业布局、行政体制等做出指示
2010 年 6 月	两江新区挂牌成立，恰逢重庆直辖第 13 周年

重庆两江新区的设立在时间上体现了持续性与长期性的特点，而在空间范围上则深刻地表达了战略性和合作性的行政构思与部署。两江新区包括江北、北碚和渝北三大行政区划的部分片区，因此，两江新区的合理开发、高效运作势必需要加强地方政府间的政治互信与区域合作，在公共服务、市场建设、资源流动等层面做出统一的安排。此外，从功能区角度考量，两江新区主要涵括了北部新区、两路寸滩保税港区和两江工业开发区三个主要功能区，由此形成了三个行政片区和三个主要功能区的"三三"制特色，主要情况如表 8 - 4 所示。

表 8 - 4　两江新区各区情况表

两江区域		基本概况	空间范围	功能定位
行政区部分	江北	面积 91 平方公里，常住人口 68.28 万人	石马河、大石坝、华新街、观音桥、江北城、铁山坪、郭家沱、复盛、五里店、寸滩、鱼嘴镇	江北嘴→金融核心区 观音桥商圈→商业步行街 港城工业园→物流电子产业集群
	北碚	面积 184 平方公里，常住人口 13.17 万人	复水土、蔡家岗、施家梁镇	蔡家高新产业园→高新技术产业 同兴工业园区→电子商务、新型材料 水土工业园→研发、生物医药

	两江区域	基本概况	空间范围	功能定位
行政区部分	渝北	面积454.6平方公里，常住人口59.39万人	龙溪、龙塔、双凤桥、悦来、人和、龙山、双龙湖、回兴、鸳鸯、翠云、石船、木耳、龙兴、天宫殿、大竹林、古路、礼嘉、玉峰山镇	悦来会展城→会展之都 双龙湖片区→商务新城 空港工业园区→建临空机电出口产业基地渝北国家农业科技园区→食品产业基地 石坪组团→轻加工出口产业基地
功能区部分	北部新区	面积131平方公里，常住人口19.28万人	包括渝北区人和街道、鸳鸯街道大竹林镇和礼嘉镇的行政区域以及江北区寸滩港	打造总部经济、现代服务业、高新技术制造业、商业和居民"五大功能集聚区"
	两路寸滩保税港区	面积8.37平方公里，其中水港6.00平方公里，空港2.37平方公里	东至渝北区双凤桥街道办事处轿田村七社；西至渝北区双凤桥街道办事处新华村十一社；南至渝北区双凤桥街道办事处新华村十社；北至渝北区双凤桥街道办事处轿田村九社	围绕保税加工、保税多式联运、对外贸易、港口作业、商品展示、空运服务和金融商贸服务七大业务功能发展产业 空港→开通航线140余条（国际航线11条） 水港→规划建设9个集装箱专用泊位和1个滚装码头泊位
	两江工业开发区	面积331平方公里	龙石、鱼复等区域	采职"一心一轴、两带五组团"模式，建立汽车、物流、装备、高新产业及高新军工五大产业

可见，两江新区跃出了单一地方行政区划的范围，而其内部功能区的划分也往往包括多个地方行政区域。因此，加强地方政府间合作是真正实现两江新区历史使命的必然趋势和理所当然的抉择。

8.2.3　管委会制度下的两江新区合作现状

1. 管理主体

两江新区管委会作为重庆市的派出机构，接受市政府主导下成立的两江新区开发建设领导小组的领导与监管，下设办公室、组织部、宣传部、政策法规室、财务局（金融办）、经济发展局（计划统计局）、建设管理局、服务业促进局、工业促进局等机构，统筹两江新区经济开发事务。与地方政府间相互合作、相互促进，共同推动两江新区的开发与建设，并促进相关区县经济实力的提升，进而提高重庆市的综合竞争力。

重庆两江新区党工委、管委会设立 9 个部（局、处）和 1 个事业单位，并成立重庆两江新区管委会机关党委（纪委）❶，在精简机构，实现"少机构、宽职能"发展的同时，积极与相关地方政府协调配合，高效完成经济区的开发建设事务。管委会内设机构的主要职能见表 8–5。

表 8–5 管委会内设机构主要职能

机构名称	定位	职能	编制
办公室	处理两江新区党工委、管委会日常政务和党务的综合部门	主要负责协助党工委管委会的公文处理、文稿起草及档案管理，组织协调工作以及机关财务和固定资产工作	编制 15 名（领导职数 3 名）
组织部（人力资源局）	组织、干部、机构编制以及人事人才工作的职能部门	对党工委、管委会的相关机构编制的机构设置、人员编制以及干部培养、人才引进等方面进行管理	编制 4 名（领导职数 1 名）
宣传部	负责形象推广、新闻宣传、舆论引导以及精神文明建设的职能部门		编制 6 名（领导职数 3 名）
政策法规室	负责发展战略规划、政策法规研究、机制体制创新以及法律事务的职能部门	负责制定、规划重大发展战略并推进体制机制创新，提供法律咨询，办理行政法律事务，利用国内外专家、资源优势，以发挥智囊团的作用	编制 5 名（领导职数 2 名）
财务局（金融办）	负责财务财政、金融服务、投资、融资管理等工作的职能部门	负责统筹新区财政事务、优化金融环境、编制财政收支预算等工作	编制 6 名（领导职数 2 名）
经济发展局（计划统计局）	负责综合经济管理以及计划统计工作的职能部门		配编制 8 名（领导职数 4 名）

❶ 黄海怡，《两江新区行政管理体制研究》，西南政法大学硕士论文，2014 年。

2. 管理机制

(1) "1+3""3 拖1" 管理模式

在成立的初期，两江新区在行政体制上采取了较为创新的管理模式。其中，"1+3"管理模式，即两江新区管理委员会以及新区内三个行政区共同推进开发的模式；"3 拖1"管理模式，即管委会代管北部新区和两路寸滩保税港区管委会这两个政府派出机构，同时直接管理两江工业园区开发投资公司。

这种出于精简、高效目的而构建起的管理模式，旨在实现在不浪费资源的前提下实现拉动新区经济发展的目标和愿景。这不仅有利于促进合作区内的平等互惠，还有利于促进地方协同，推进开放。

(2) "1+3+3+3" 管理模式

鉴于两江新区的不断开发完善，以及社会经济事务发展的新要求，两江新区管委会改革创新，积极探索与时俱进的管理体制，采取了依靠两江新区管委会统筹协调两江新区内三个行政区、三个功能区和三个开发主体的管理模式，简而言之即可以将其具象化为"1+3+3+3"。在此过程中，管委会分别与三个行政区共同出资用以组建开发公司，最终实现在土地收益、税收分配等方面合理利益共享机制的构建。如图8-2所示。

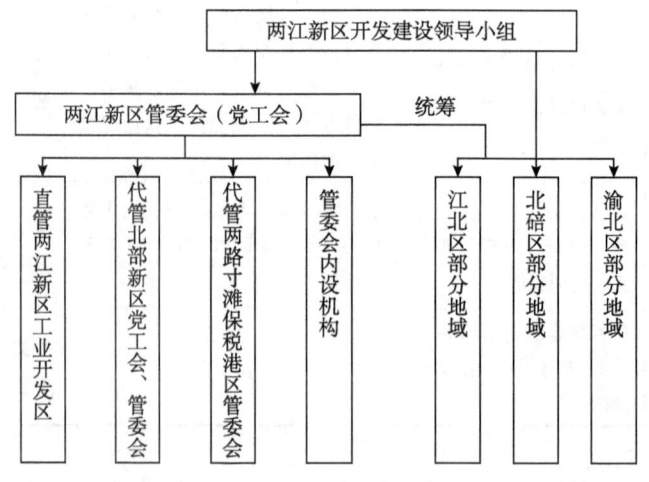

图8-2 "1+3+3+3"管理模式

"1＋3＋3＋3"的管理模式一方面确保了两江新区管委会的独立自主性，使其拥有较高的行政裁量权，在新区开发建设中享有较大的决策权与监管权，不断向新区的真正管理主体演进；另一方面也强化了新区管委会与地方政府间的互动与合作，在资源开发、市场机制、人才培养、风险承担、利益分配等方面形成互利互补的协调合作机制，增加了新区管委会的活力与动力。

8.2.4 管委会制度下的两江新区合作困囿

1. 法律地位缺失

宪法与相关法律法规没有明文规定经济开发区管委会的行政层级序列，使其法律地位不明，在具体操作运行过程中缺乏相应法律机制的保障，同时也使管委会存在发展成为滥用职权、不作为、越权作为等集中地的潜在可能性；此外，当前两江新区没有建立起相关的地方法规作为两江新区管委会运行机制的保障与支撑体系。由于国家层面缺乏对管委会制度的法律规范，重庆市也缺失两江新区管委会的具体运作保障与规范策略，两江新区管委会制度在实际操作过程中往往出现管委会与地方政府间相互扯皮，相互倾轧，过分重视个体利益与本单位政绩，进而导致资源浪费、严重内耗等情况发生。

2. 管理主体间权限交叉

行政区层面，两江新区含江北区、北碚区和部分区域的渝北区。功能区层面上，包括北部新区、两路寸滩保税港区和两江工业开发区。还包括江北嘴、果园和悦来三个开发主体，作为重庆市政府派出机构的两江新区管委会虽然在名义上拥有对新区经济建设的发展规划、指导建议、管理管辖等职权，但新区各管理主体间权限交叉现象严重，导致政令相互矛盾、利益相互倾轧等问题频出。

此外，两江新区管委会制度在实际运行过程中缺乏必要的程序制度，导致事权、财权不匹配的问题在两江新区严重突出，这不仅导致管委会不能更好地发挥其应有的职能，还使得两江新区的发展受到限制。举例而言，当前，税务工作与工商管理的职能割裂分离，这极大地增加了协调经贸与工商及其部门间工作的难度。除此之外，这一问题也影响新区内合理的产业分工，危及政府的收益。考虑到两江新区还存在着规范缺失、市场环境差等问题，政府面临着比以往更大的经济责任和社会责任。总而言之，两江新区现行的管委会制度在内部各管理主体的职权划分、权限归属等方面交叉错乱现象较为明显，又由于程序制度缺失，造成事权与财权相分离，机构部门间的权力条块分割严重，不利于大部制方向的演进。

3. 管委会职权受限

在实际操作过程中，新区管委会面临缺乏过硬的综合管辖权和行政裁量权的问题。在对新区经济开发建设的指导过程中，往往会遭遇江北、北碚和渝北等地方政府的干涉，导致政令不统一，各自为政，各自谋取利益，相互倾轧，最终导致行政资源的浪费与内耗和新区开发建设效率的低下。

在当前的两江新区管委会模式下，新区管委会、各行政区政府、各经济功能区管委会等主体在新区的开发建设中各自拥有相应的管辖权，而且在实际运行过程中，各管理主体的权限往往相互交叉，横向重叠现象严重。例如，两江新区管委会对于新区经济建设事务具有相应的管辖与管理权，而新区内各经济功能区的管委会对其经济规划也有较高的管理权限，这就导致经济功能区管委会为了其主导经济方向的快速发展而倾向于挣脱新区管委会基于新区整体发展制定的管理规定，由此，新区管委会的权限受损，其行政权威也相应贬值。两江新区的高速、健康发展离不开一个机构健全、政令通畅、权限完整的管委会，而由于新区内各经济功能区管委会与新区管委会存在同床异梦的现象，导致新区管委会职权受限，加之来自江北、北碚和渝北等地方政府的行政权力挑战，两江新区管委会在职权的完善、政令的推行等方面仍然任重而道远。

8.2.5　基于区域合作的两江新区管委会制度的发展展望

1. 纵向：管理体制的完善化

两江新区管委会制度的完善要坚持循序渐进的原则，按照"开发启动阶段""全面建设阶段"和"成熟运行阶段"三大阶段逐步推进管委会机构的创新与制度的完善，实现从作为重庆市政府派出机构的管委会到具有副省级行政资格的两江新区政府的嬗变，真正实现两江新区的独立化、灵活化、高效化发展，两江新区管委会的主要演进路径见表 8 - 6。

表 8 - 6 两江新区管委会主要演进路径

	阶段	目标	任务
两江新区管委会度完善路径	开发启动阶段	维持现行模式，扩大管委会权限	赋予管委会完整的人事、财政和土地等方面的权力，加强管委会在制定发展规划、统筹产业布局、推动基础设施建设、协调处理重大问题等方面的组织领导职能
			完善并加强组织结构建设，约束各行政区政府以及各开发区管理机构经济行为
			推进行政区政府职能转变，强化管委会的经济管理职能和行政区的公共服务职能
			推进培育社会中介组织的试点工作，承接部分社会管理职能
	全面建设阶段	统一行政区划，设立功能区管理机构	重庆市市政府授权升格为副省级管理机构的两江新区管理委员会（党工委）代管江北区和渝北区，并将北碚区在新区内的乡镇划给两江新区
			按"一心四带"产业规划确定 5 个功能区，设置管理机构行使经济发展职能
			重新整合新区内乡镇和街道布局，相关社会管理和建设任务全部交由街镇管理机构承担
			积极推进培育社会中介组织
	成熟运行阶段	建立副省级两江新区政府，形成"新区一街道"两级管理体系	撤销 5 个功能区的管理机构，开发区管委会行使开发职能与经济管理
			充实、完善社区服务中心，主要行使社会管理与公共服务职能
			推动新区行政管理重心上移、社会管理重心下移，建立起分层分类的职能互补型行政运行机制，提高政府公共服务水平，吸纳社会第三方组织参与管理，形成多中心的合作治理机制

2. 横向：治理主体的多元化

实现两江新区的持续健康发展需要进一步扩大治理主体，形成以新区管委会为主导，以江北、北碚和渝北等地方政府为重要支撑，涵括社会中介组织、公益组织、私营组织、媒体和社会公众等在内的两江新区治理主体网络，加强各主体之间的协调合作，完善治理环境，提升治理效果。完善重大事件社会听证制度，与会成员主要包括新区管委会官员、地方政府官员、相关专家学者以及利益相关者代表等，由专家学者对决策的科学性与可行性进行论证，并积极听取利益相关者的观点与建议，以体现决策的民主性，真正做到决策为民。在涉及城镇与乡村具体事务时，要加强城镇居民与农村村民的自治意识与水平，发挥广大公民的社会主人翁意识，鼓励公民参与到社会治理中来，真正实现集民智、聚民心，使公民成为两江新区真正的治理主体，也使新区的改革发展成果惠及每一位辖区公民。在涉及公共服务领域时，两江新区管委会要善于通过PPP 模式等引入社会营利组织参与公共服务的供给，通过招标等形式鼓励社会组织与政府部门合作，实现"政府财政—公共服务"向"政府财政—企业竞争—公共服务"的财税流动路径的转变，在这一转变之中既提高了社会营利组织的社会治理参与能力，又高质量地满足了公众的公共文化需求。

实际上，加强区域协作、带动联动发展不仅是经济一体化的要求，更是为了避免孤岛效应的要求。对于成渝经济区而言，首先应该加强与长江中下游地带的相关城市的联系与合作，有利于一同建设长江流域的经济圈。其次，应该以建立中国经济增长第四极为最终目标，加强与西部地区城市的合作。同时，应该从成渝地带为起点向周边城市辐射，形成西部地区的城市群。此外，还应该加强与中心城市的合作，以培育高端产业，进一步推进重庆区域产业的合理化分工以及资源的合理配置，打造高效率的两江模式。

8.3 以南充边缘区域为典型的合作行动路径

8.3.1 地方政府合作博弈的必要性分析

1. 合作博弈概述

合作博弈，指在博弈的过程中，一方在利益不变的基础上或双方利益增加，那么整个社会则因此利益增加。这是在研究合作行为如何对收益进行分配的行动，以解决利益分配问题。这实际上是一种妥协的方式，妥协的目的是产生合作剩余。

合作博弈有两个基本的条件：（1）整体收益必须大于每个成员单独行动时的收益之和；（2）每个成员都能获得比不加入团队时更多的收益，整体内部的分配规则应该具有帕累托性质。为了满足这些条件，一方面，彼此之间应该保持信息共享；另一方面，彼此对于约定和协议应具有诚信。这反映了合作博弈的本质，不同于策略型博弈的特点，更有利益均衡、信息互通的特征。

2. 地方政府合作博弈的研究框架

假设 M 和 N 两个政府打算共建一公共项目，各自都会谋求自身利益最大化。若政府单独投资建设的收益为 m（$m > 0$），与另一个政府共同合作投资时，各方的收益则会达到 $m + 1$；若一方政府同意建设，另一方政府想通过搭便车的方式获利，则选择建设的政府收益为 $m - 1$，搭便车型政府的收益为 m。[1] 如果双方政府都没有建设的意愿，那么双方的收益都会降至 n（$n < m - 1$）。

如表 8 - 7 所示，M 政府和 N 政府面临的两种情况（即有无完善的合作制度框架）对这次博弈的最终结局有着至关重要的作用。

表 8 - 7　地方政府合作博弈

N 政府 ＼ M 政府	共同建设	不共同建设
共同建设	$m + 1$, $m + 1$	$m - 1$, m
不共同建设	m, $m - 1$	n, n

第一种，双方在合作制度框架缺失下的建设。在没有约束合作关系的情况下，政府一味谋求自身利益，导致二者没有严格遵循双方契约关系的义务，双方倾向于追求不进行建设的结果。至于其原因，M 必然会考虑到 N 有两种选择，即建设或者不建设。那么情况则是，若 N 政府建设，M 政府的最佳选择即不建设，可以获取无成本的 m 收益；若 N 政府不建设，那么 M 政府建设则

---

[1]　林森、白福臣：《区域经济发展中的地方政府合作》，《天水行政学院学报》，2012 年第 2 期。

损失更大，所以 M 政府最终也会选择不建设。当然，N 政府也会按照同样思路选择，最后双方都没有建设，使得利益变成了 n。❶通过上述描述，我们显而易见，以自我利益为追求的"理性"行为导致了两方政府获得了相对较劣的收益。与此同时，另一种情况是彼此签订合作协议、合作框架，为双方的行动提供契约式保障，从制度层面规范了双方的合作意识与行为，这样的结果是双方利益经过协调统一达到最好的结果，而两政府应当选择收益最大的 $m+1$，即共同建设。

8.3.2 边缘地方政府合作博弈的缘起

在成渝经济区的边缘交界处，存在着大量的经济洼地，其因有三：一是由于距离成渝经济区的增长极的空间距离较远，受其辐射较小；二是"政策红利边缘区"使然，行政边缘区的区域发展受到行政中心的关注度较小，受到的政策扶持力度也相对较小；三是边缘区的人才、资本、技术、基础设施等相对落后制约其发展。这就导致处于成渝经济区边界处的四川部分地方政府格外关注重庆作为直辖市在政策红利下的指数式发展趋势，而倾向于融入重庆的发展。简言之，渴求飞跃地理区域和行政区划的界限而直接与重庆主城区域展开无缝式对接合作，而往往会忽视与毗邻区县的交流与合作。事实上，实现成渝经济区边缘区的毗邻区之间的协同发展与跨行政区划的远距离融合式发展都是促进成渝经济区提升整体竞争力、实现飞跃式发展的必经之路。

成渝经济区的建立，使得川渝两地的经济合作加强。从渝北区到北部新区、两江新区，新区产业重心不断北移，显示出都市圈经济辐射发展。与此同时，成都、重庆的城市竞争也日渐激烈。而成渝区交界区的内江市、泸州市、广安市、资阳市、达州市、遂宁市、开县、梁平县等区域基于其丰富的资源、相近的文化习俗、紧密的空间联系具有强大的合作与联动发展的动力因素。如图 8-2 所示。

---

❶ 林森、白福臣：《区域经济发展中的地方政府合作》，《天水行政学院学报》，2012 年第 2 期。

图 8 - 2　成渝经济区各地竞争发展情况

1. 时代主题的呼唤

跨区域公共事件的合作治理是政府行政能力的当代转向，也是对区域经济一体化与行政力量宰制经济地理空间、公众需求多元化与政府职能部门条块分割所造成的公共服务供给能力碎片化两对矛盾的回应，主要表征为治理视角从微观到宏观，治理策略从管控到合作，治理目的从稳定压倒一切到稳定与发展并重的理性化转向。从对区域事件的单体政府管理到对跨区域公共事件的多政府合作治理是由一系列制度、非制度的动因机制促成的，对政府间合作治理动因机制的全方位、宽领域考量，是分析政府间跨区域治理合作态势的基础，也是制定合规性的风险共担、转移机制和利益分配、补偿机制的前提。

2. 区位条件的支撑

（1）资源优势突出

成渝经济区边缘区具有丰富的土地资源、矿产资源。由于地处沉降带，该地地表较为平缓，梯田众多。因此，该地一般以耕地用地为主，也有大面积的园林、林地、草地、居民用地，还包括水域及小部分难利用土地。因为有充足的水资源，该地土壤水分较为充足，对于农作物的生长有积极的作用。此外，成渝地区蕴含着丰富的天然气、煤矿等能源矿产，铁、金等金属矿产，也有诸如石灰石、大理石等非金属矿产资源以及盐矿和含钾水云母黏土矿等化工类矿产等。

（2）交通网络密集

成渝经济区及其边缘区交通运输发展速度日渐变快，努力进行基础设施的建设。近年来，该地相继实施了诸如干线畅通、通乡通村等交通网络基础设施的建设，从重庆到成都的高铁运行已经开通且极为便捷。在逐步推进建设的过程中，成渝及其周边城市的时间距离不断缩短，有望在短期内建成更为现代化的交通格局。这对于未来成渝经济区实现对外辐射作用、打造中国经济增长极有着重要的作用和意义。

（3）地理位置优势明显

省市边缘区的特殊性在于其独特的区位条件，这也就决定了其具有特殊的区位功能。作为西部的增长极和西三角的接壤地带，成渝经济区具有天然的区位优势。近年来，区内交通建设越来越发达，凸显了区位功能的重要性。因此，在开放统一的市场经济环境下，毗邻渝、陕、黔地区的环渝经济带以其特有的资源条件，在西部可持续发展过程中具备了日渐突出的区位优势。

3. 现实发展的需求

从经济社会发展水平考察，成渝经济区边缘区相对处于成渝经济区的"经济边缘地带"。近年来，重庆基于其直辖的政策优势，实现飞跃式发展，创造了令人惊羡的"重庆模式""直辖模式"等，使得周边市场要素不断向重庆集聚，而处于成渝经济区边缘区的四川诸市，如达州、广安、遂宁等无不向重庆伸出"橄榄枝"，希望融入重庆的发展。而成渝经济区边缘区域事实上作为经济边缘区，需要实现快速发展以提升成渝经济区的整体实力与竞争力。

8.3.3 边缘地方政府合作博弈的现状分析

1. 南充概览

南充市位于四川盆地东北、嘉陵江中游，有着丰富的旅游资源和文化资源。国家规划定位其为成渝经济区北部中心城市，承担着重要的经济职能和社会职能。

2. 跨越式发展：融入成渝经济区

南充市是西部三角城市的地理中心，具有较强的辐射带动作用。成渝两个核心城市都涵盖在它的辐射范围当中，三者相互影响，有利于南充的自身发展。对于城市圈而言，强化大城市的辐射带动作用是十分重要的，对于城市群之间的竞争和城市本身的发展有着不能忽视的带动引领作用。

（1）参与嘉陵江的综合保护开发

嘉陵江是长江重要的支流，一直以来都是周边省区生态保护的重任。嘉陵江串联起了南充市和重庆市，这使得二者拥有了共同保护自然生态、水资源的责任，两地围绕嘉陵江进行生态保护合作有着有形的、长久的道路，任重而道远。

近年来，南充市多个重点建设项目涉及嘉陵江流域综合保护开发工程，并将嘉陵江流域综合保护开发工程包括进省重点项目计划盘子。数据显示，这一开发保护工程计划投资总量约达515亿元。开发项目的良好运行将有利于南充和重庆的生态环境建设，促进城乡体系沿江建设，并且进一步带动两地旅游业的发展和文化产业的发展。

除此之外，南充市和重庆市围绕嘉陵江进行了更为健全的交通网络建设，打造水陆空一体的立体交通网络。在此过程中，自然资源条件有利于南充市把握嘉陵江航道的计划，进一步推进内河航运的发展与建设。

（2）构建区域交通运输网络

构建综合交通运输网络在成渝城市群的诸多规划中受到重视。诚然，交通方式的升级会带动当地经济水平的发展，最终的结果是促进该地城市化的建设，强化与周边城市的联系与合作。就目前而言，南充市和重庆市并没有高铁或动车组，基本上还是通过汽车交通来实现联系。南充一直在努力进行与重庆交通对接的项目，嘉陵江航运的南充段配套一期工程也在建设中。目前，兰渝铁路的开通和西渝高铁的计划暗示着南充和重庆之间的高铁建设是指日可待的。此外，两地机场以及港口等也都建设完善，能够为两地加强合作、产业协作提供便利的条件，促进经济进一步发展。

8.3.4 边缘地方政府合作博弈的发展展望

1. 培植区域合作信誉

（1）树立合作博弈观念

成渝经济区边缘区的各行政主体地理位置毗邻，文化渊数相亲相近，自然资源具有相似性，合作历史悠久，因此具有良好的合作博弈基础。各个行政主体应当以促进自身发展为立足点，以合作主体间的协同发展为纽带，在立足自身比较优势的基础上互通有无，加强合作交流，以此实现优势互补。成渝经济区边缘区的合作主体应跳出片面的地方利益主义，应当寻求机会实现融入式发展，要明确"一荣俱荣，一损俱损"的区域经济社会发展的关联效应，在合作博弈时要努力突破"个体理性"的束缚，而谋求"集体理性"的实现，避免"公用地悲剧"出现与"囚徒困境"的瓶颈，而进入风险共担、利益共享的广阔的区域合作场域。

换言之，成渝经济区边缘区应当从长久的利益出发，树立区域合作竞争的观念，推进区域融合发展，统一区域资源配置，构建区域人才、资本以及各市场要素自由流动的市场机制，提升合作的效度与效益。各行政主体间应加强政治互信，深化互相考察的频度与深度，避免各自决策与各行其是，而要完善区域合作协调的机制，以期在长期上把握区域合作的动态平衡，在博弈中寻求区域间共同发展的帕累托最优解。

（2）落实信誉合作策略

地方政府间的信誉是强化跨域合作纽带，拓宽合作领域，深化合作程度，以及降低合作风险与提高合作效益的关键。但现阶段，成渝经济区边缘区各行政主体间的诚信意识和契约精神相对缺乏，阻碍了区域一体化合作的进程。地方政府自身利益的极大化追求、合作目标的多维性、监督机制的疲软性、政府官员的素养以及行政行为的"暗箱操作"等现实问题的客观存在，就导致了各合作主体间相互不信任，由此产生跨域合作的主观障碍。

一方面要完善合作契约。成渝经济区边缘区地方政府在签订合作框架、合作协议、合作章程、合作备忘录等合作契约时应当明确彼此的权利与义务，在法律上明确合作主体的平等，明确单方违背契约时应当承担的赔偿责任。换言之，合作契约的条款应当是量化可行的，具有较高的可执行性与可操作性。这就避免了现行的部分合作契约由于自由裁量度过大而导致在契约的执行过程中，个别合作主体的官员基于本区域的利益而单方面对契约做出有利于本区域利益的解释，由此损害了合作方的利益，最终降低了合作的整体效益以及合作的可持续性。这种情况往往发生在合作主体的行政级别或经济实力存在显著差异的地方政府间，占据优势的一方倾向于凭借自身在合作联盟中的宰制权而为本区域或者是官员自身谋求灰色利益，进而损害了区域合作行为中各个主体之间的凝聚力和向心力。因此，完善的合作契约是从外力层面提升合作主体间的合作信用的必不可少的策略。

另一方面要加强上级有关单位的监督。成渝经济区应当成立统一的合作诚信监督机构，对合作主体间的信用水平进行考察并评级，由此作为给予高信用主体更多的政策优惠和扶持的基础。成渝经济区合作诚信监督机构是合作主体实际信用的评级机构。该机构根据地方政府在合作过程中的现实表现以及对合作契约的执行程度对其评分，每年定期发布《成渝经济区地方政府合作信用公报》，给予信用低的地方政府以一定的警告，并表彰合作信用高的地方政府。成渝经济区合作诚信监督机构是地方政府合作契约的审查机构。该机构相对于单个地方政府在专业程度以及实操经验上具有显著的优势，因此，弱势的合作方可以提请该机构对合作契约进行审查，避免强势合作方的"霸王条款"。

2. 加强机制耦合

区域经济合作的根本目的就是扫除行政壁垒，以促进区域之间资源和要素的流动，以有效配置资源。不难理解的是，区域合作具有不可避免的风险，这种风险的根源在于信息不对称和利益不对称。因此，区域经济合作是建立在以下两方面基础上的：第一是要有利益驱动，第二是要有对不合作行为的约束。因此，区域经济合作需要进行完善的制度安排。

（1）加强"制度"的设计与安排

所谓的制度即是对于跨区域治理所做出的顶层设计与一系列的准则规范。这就要求进一步深化成渝经济区边缘区的整体布局与规划，对于经济区的发展目标与方向，经济区中双子星成都与重庆的关系要合理调整，并突出边缘地方所代表的区域利益，着力构建由相关地方政府派出代表所组成的成渝经济区开发管理机构，具体负责经济区内各项政策法规的起草，政策法规必须体现两大原则：一是"风险公担，利益共享"，强调成渝经济区的社会综合治理效果，厘清中心城市与边缘县市的相互关系，政策要适当向边缘郊县倾斜；二是"需求导向，创新驱动"，强调对利益相关者合理需求与利益的尊重与保障，通过创新促进经济区内信息高效、即时流通，通过创新提高治理绩效的测评效度。

（2）促进"体制"的选择与优化

所谓的体制即是要厘清成渝经济区跨域合作治理多元主体的职能与相互关系，形成更完善的行动者支持网络。治理主体理应向多元化的方向发展，当然，需要坚持以地方政府间合作为基础，营利部门合作为主干，公益部门合作为重要补充的治理主体三角格局，并且要深化政府与营利组织以及公益部门之间的合作。政企合作的关键点在于政府对于企业"营利性"这一特点的深度把握，一方面通过地方政府间合作，对于企业的准入、退出机制做出统一、公平的安排，构建有利于生产资源、元素自由流动的成渝经济区大市场空间场域；另一方面可以通过购买、外包等形式以有偿的方式获取营利组织专业化的服务，从而提升社会治理效能。而政府与公益部门的合作主要体现为政府对公益部门的政策扶持与财税支持，除了直接的贴息、奖励等措施外，政府还可以对捐赠公益部门的企业实行税收减免政策，以此实现政府财税对于公益部门的隐性倾斜。

（3）强化"机制"的创新与提升

所谓的机制即是成渝经济区内地方政府间跨域合作有效开展的具体化、多层次、多维度的保障措施。在合作联盟内，加强信息的沟通，建立双边或多边协商机制，促进集体行动，以降低交易费用，由此提升整体利益。在合作博弈过程中，要达到帕累托最优解的条件即是完全信息，而目前成渝经济区边缘区地方政府间的资源条件、技术条件、市场能力等方面的差异导致了信息不对称状态长期存在。

因此，要实现合作博弈的帕累托最优解，增加合作主体的收益，必须在成渝经济区边缘区建立完善的信息沟通交流机制。一方面加强地方政府考察团的往来与交流，增强政治互信，定期交换发展意见，形成合作发展纲要；另一方面地方政府可以牵头组织区域企业家年会，为区域企业家的交流与合作提供一个高规格的平台，促进辖区的企业跨区域开展研发、生产与营销协作，形成跨区域的市场拓展、售后服务的大市场机制。此外，合作主体间可以建立统一的信息交流与公开网站，将辖区内的有关信息互通有无，这就挣脱了信息交流的时空限制，最大限度地提高了合作主体间的信息交流水准，有利于提升合作主体政策的对接性和回应度。

3. 完善机构设置

（1）地方联合协调管理机构

作为成渝经济区边缘区跨域合作最重要的参与主体的地方政府需要提高合作的积极性以及合作的意愿与配合度。因此，建立一个由各地方政府代表构成、成员构成比例合理、能科学反映成渝经济区边缘区内各级地方政府利益诉求的地方联合协调管理机构尤为重要。这个机构的运行要独立于重庆与成都的既有行政体系，作为管理成渝经济区边缘区合作事项的最高执行机构而存在。

成渝经济区边缘区的地方联合协调管理机构应该从四个方面加强建设与组织。

首先是机构成员的代表性。只有科学合理的机构成员代表，才能使该机构真正成为各地方利益的协调与仲裁机构，使各个级别地方政府以及地方政府所代表的地方利益诉求得以表达。这样的机构做出的决策才具有公信力，从而推动其政策的执行力。不同地方政府在该机构中的代表人员数量主要由区域范围、区域经济水平以及区域行政级别等要素决定。这里有一点需要特别注意，即是要保证边缘落后地区也要有一定的代表人员。

其次是该机构的职权范围。应该通过立法等形式赋予该组织机构相应的行政权以及财政权，作为成渝经济区边缘区的最高行政机构。该机构应当拥有最高人事任免权与监督权，经济合作区的其他一切机构由它产生，对它负责，受它监督。

再次是该机构的专业水准。该机构作为成渝经济区边缘区的最高管理机构，应当避免机构臃肿、人浮于事的情况产生，力求精简机构，提高该机构的运行效率。该机构的人员构成不仅要考虑区域平衡，也需要注重构成人员的专业水平与业务能力，需要由在财会、政策制定、宣传等部门和领域具有突出能力的人员构成。

最后是该机构最重要的现实属性即职能。该机构的主要职能应该包括成渝经济区边缘区重大交通设施的建设，能源资源的开发与利用，构建有利于要素自由流动与配置的大市场体系，尤其要帮助边缘地区的发展，提高其医疗卫生、教育与公共文化服务水平，从而提高区域整体实力。有一点值得注意，对待边远落后区域要注重开发而不是援助，注重培养其自我造血功能而减轻对外部输血的依赖，即是要提升其自我发展的能力。

（2）专项执行机构

在地方联合协调管理机构之下设置专项执行机构是非常有必要的。这类机构主要是针对特别事项成立的，具有高针对性。例如，成立旅游协调小组，开展跨区域的旅游规划研究和旅游产品开发；成立信息网络建设小组负责成渝各地区政府联网工作；成立生态环境保护和建设协商小组，负责按照科学发展观要求统筹协调两地人与自然协调发展❶；成立公共文化服务协调小组，促进区域内民间艺术的交流。

成渝经济区边缘区的专项机构应以"专事专办，特事特办"为原则，以公共文化服务均等化、基础设施完善化、区域市场一体化为重点，在其权限内提高成渝经济区的运行效率。专项机构最大的特点，或者说相对于常设机构的优势是机动性和效益性。专项机构往往根据经济区内的突发事件，而组织相关专家、学者和政府行政人员构建起一个临时性的工作团队，快速有效地解决突发事件。一旦事件被解决，该临时性的专项机构就会被解散，这样也可以大大降低政府的财政压力。

8.4　以重庆五大功能区为典型的政策规制范式

8.4.1　新区域主义概览

1. 何为新区域主义

"新区域主义"始于 20 世纪 70 年代，主张在区域发展中去中心化，实现

---

❶　杨顺湘：《构建川渝间政府合作的途径研究》，《探索》，2007 年第 6 期。

多元治理和多级治理，加强政府间横向合作与联系，以及政府与其他非政府组织之间的协作，实现多元相关利益主体协作共赢。"新区域主义"理论强调整体发展，认为中心城市与郊区并非相互对立、相互排斥。为实现区域整体利益最大化，中心城市应该发挥辐射带动作用，实现与周边地区的资源共享、优势互补和协同发展。

我国处理都市区地方政府间关系的实践从"新区域主义"理论获得了新的思考视角，即企业、非政府组织挤占了城市治理的诸多空间和作用领域，客观上迫使政府回到应然的状态。区域经济一体化的演进不断加快，导致区域内部事件往往演化成相关利益涉及者众多的跨区域性公共事件，这就要求区域间政府进行协商、合作，促使政府高层对话平台的常态化，构建区域事件合作治理的专门机构。与此同时，政府部门、私人部门与第三部门之间应该实现竞争基础上的合作，共同创造双赢的局面，政府部门的核心只能是完善基础设施，制定合理合规的法规政策，将政府部门的一些公共事务外包给私人部门，以此来实现私人部门盈利和政府部门治理效能的提高，而政府部门与第三部门则是伴随治理的关系，第三部门主要表征为各类公益组织，关注政府部门忽视的细分领域。

2. 为何新区域主义

（1）区域整体利益的维护和实现

打破传统的区域和层级观念的限制，以问题为导向，是"新区域主义"中"新"的主要特点。从本质上讲，"新区域主义"理论主张以合作化解冲突，解决矛盾，实现共赢。

（2）多元主体与合作多层次相结合

在"新区域主义"视野下，区域公共治理主体多元化，多元主体共同参与区域性公共事务的治理，从而形成网络化的合作治理模式。❶此外，官僚制的僵硬和市场竞争盲目的弊端通过政府间的合作以及政府与非政府力量间的协作共同治理得到了有效克服。有助于促使地方政府改变执政理念、增强公益性，加快职能转变、提高服务性，明确角色定位、强化互动性。

---

❶ 龚雪：《我国都市区政府间关系探讨》，山东大学硕士论文，2012 年。

（3）中心城市与周边地区政府的协同发展

"新区域主义"在美国的实践，最早是为了解决城市郊区化问题而产生的。主张中心城市与郊区的密不可分、相互带动，从而保证都市区整体利益的最大化。❶中心城市的辐射带动作用，只有在中心城市与周边地区协同发展的前提下，才会得以充分发挥。"新区域主义"有利于中心城市和周边乡镇在协作共治中获得更大的发展空间，实现共赢式增长。

8.4.2　重庆五大功能区简介

1. 重庆区域发展的历史沿革

重庆直辖后，拥有了加速发展的新机遇，通过三轮大的区域战略调整来解决大城市、大农村、大库区、大山区四位一体的现实困境。直辖初期，考虑到复杂市情，重庆进行了第一轮战略调整，因地制宜地提出了包括都市经济圈、渝西经济走廊和三峡库区在内的"三大经济区"区域发展战略。❷第二轮调整将"三大经济区"中的三峡库区划分为两个工作板块：一是渝东北以库区为核心的区域三峡库区生态经济区；二是渝东南特色经济板块区。加上渝西经济走廊及都市发达经济圈，组成"三大经济区、四大板块"的区域发展战略。❸"一圈两翼"的发展战略开启了重庆的第三轮战略调整，形成了以主城为核心的"一小时经济圈"、以万州为中心的三峡库区城镇群（渝东北翼）和以黔江为中心的渝东南城镇群（渝东南翼）的"两翼"。

"发展"是前三轮战略调整的重点，而对于实现怎样的发展、怎样发展等问题并没有给出准确的答案。为了破解发展难题，"五大功能区"战略应运而生。"五大功能区"进一步明确了各个区域的定位，将全市划分为都市功能核心区、都市功能拓展区、城市发展新区、渝东北生态涵养发展区、渝东南生态保护发展区五个功能区域。❹

---

❶　龚雪：《我国都市区政府间关系探讨》，山东大学硕士论文，2012 年。

❷　成程、欧书阳：《差异化发展推动重庆五大功能区建设》，《安徽农业科学》，2014 年第 4 期。

❸　成程、欧书阳：《差异化发展推动重庆五大功能区建设》，《安徽农业科学》，2014 年第 4 期。

❹　成程、欧书阳：《差异化发展推动重庆五大功能区建设》，《安徽农业科学》，2014 年第 4 期。

2. 五大功能区基本内容

五大功能区的基本划分及其基本内容分别见图 8 - 3 和表 8 - 8。

图 8 - 3　五大功能区的划分

表 8 - 8　五大功能区的基本内容

都市功能核心区	功能定位为集中体现政治经济、历史文化、金融创新、现代服务业中心功能。发展重心应放在产业结构及主体功能的优化，重点表现为现代服务业的优化，与此同时，突出展现历史文化名城、美丽山水城市、智慧城市和现代大都市风貌，建成高端要素集聚、辐射作用强大、具有全国影响力的大都市中心区
城市功能拓展区	城市功能拓展区功能定位为全市物流中心、综合枢纽、科教中心及对外开放的重要门户，全市先进制造业的集聚区，主城的生态屏障保护区以及未来城市新增人口的宜居区
城市发展新区	城市发展新区是全市未来工业化、城镇化的主战场，是未来集聚新增产业和人口的重要区域，全市制造业的基础，川渝、渝黔区域合作共赢的示范先行区，是化解大城市病的关键区域
渝东北生态涵养发展区	渝东北生态涵养发展区功能定位为国家重点生态功能区和农产品的主产区，长江上游重要的生态屏障和特色经济走廊，长江三峡黄金旅游带及特色资源加工基地
渝东南生态保护发展区	渝东南生态保护发展区功能定位为国家重点生态与重要生物多样性保护区，武陵山地区经济发展高地、重要生态屏障，全市少数民族集聚区和扶贫开发示范区

8.4.3 新区域主义视野下重庆五大功能区政府间合作现状

1. 统筹规划

(1) 统一思想认识

根据五大功能区域发展战略部署，重庆市市委要求各级干部学习战略思想，深入贯彻落实科学发展观，深刻认识五大功能区区域发展战略对于重庆科学发展的重大战略意义，切实把五大功能区域发展战略作为全方位、综合性、系统性的战略决策部署来贯彻落实，而不仅仅简单理解为一个区域经济发展战略。❶

(2) 加强顶层设计

重庆市政府出台了考核、财政、产业三个核心政策，抓住了战略实施的关键点。❷ 此外，2016 年年初习近平总书记在重庆视察并发表重要讲话，强调深入贯彻五大发展理念，明确提出"一个目标""两点定位""四个扎实"的要求。❸ 为此，重庆市政府出台《关于深化拓展五大功能区域发展战略的实施意见》，这是新时期指导和引领重庆经济社会科学发展的重要纲领性文件。一个纲领性文件和三大核心政策的基本情况见表 8-9。

表 8-9　重庆市五大功能区政策

时间	领域	政策名称	主要内容
2013 年 12 月		《改进完善区县（自治县）党政领导班子和领导干部综合考核的意见》	将区县考核项目由 271 项精简整合为 27 项，按功能区域划分考核组别，突出首要任务，差异化设置考核指标及权重
2013 年 12 月	财政	《关于完善财政政策支持五大功能区建设的实施意见》	对渝东北生态涵养发展区和渝东南生态保护发展区"不取多予"，公共财政资源主要向这两大区域倾斜；对城市发展新区"少取多予"，工业园区市级税收增量全额用于园区发展

---

❶ 曾立、陈钧：《五大功能区域发展战略的成效初步显现》，《重庆日报》2015 年 10 月 19 日。
❷ 曾立、陈钧：《五大功能区域发展战略的成效初步显现》，《重庆日报》2015 年 10 月 19 日。
❸ 曾立、陈钧：《五大功能区域发展战略的成效初步显现》，《重庆日报》2015 年 10 月 19 日。

续表

时间	领域	政策名称	主要内容
2013 年 12 月		《关于优化全市产业布局加快五大功能区建设的实施意见》	对各功能区域以及各区县的产业定位、发展方向、鼓励产业等逐一予以明确，引导区县定向招商、借位招商，防止恶性竞争和重复建设
2016 年 5 月	综合	《关于深化拓展五大功能区域发展战略的实施意见》	坚持统筹城乡区域发展，优化空间布局和资源要素配置，促进基础设施互联互通，加快产业转型升级，加强生态建设和环境保护，推动基本公共服务均等化，进一步促进各功能区域特色发展、差异发展、协调发展、联动发展

（1）完善政策规制

在考核、财政、产业三个核心政策基础上，重庆市还出台了 50 多个配套政策，有力地助推了战略实施。尤其在资源要素优化配置上，强化了分类指导。如图 8-4 所示。

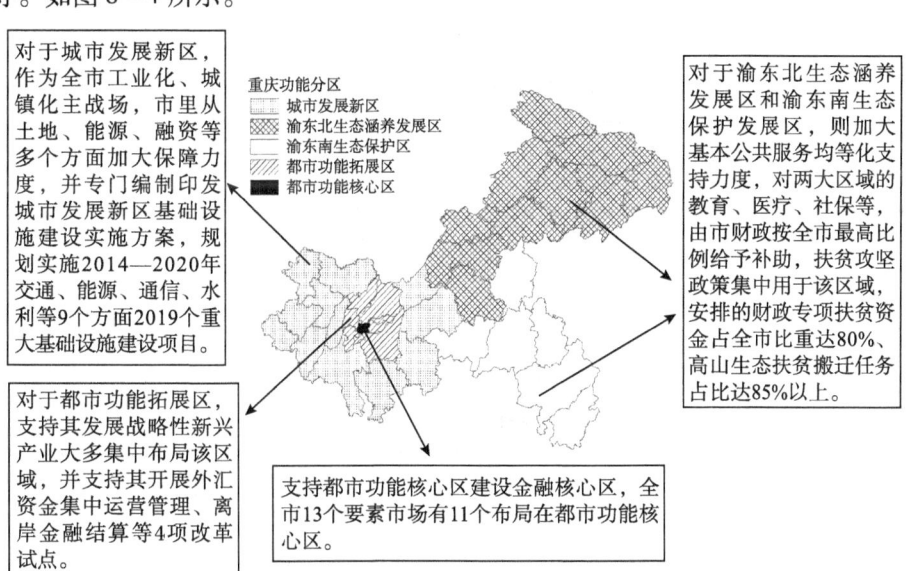

图 8-4　重庆市五大功能区资源优化分类配置

2. 扩大参与面与深化参与度

（1）以区县为主体

重庆市区县是实施五大功能区域发展战略的主阵地，重庆市委四届三次全会后，各区县对本地区实施五大功能区域发展战略做出全面部署，并着力抓好精准定位、科学布局、任务落地三项工作。[1] 针对精准定位，各区县按照功能定位要求，先后出台决定、意见、报告或规划，对自身定位和发展目标及时做出调整完善；[2] 在科学部署方面，立足功能定位，优化细分国土空间布局，将自身承担的功能分解落实到不同的板块；针对任务落地要求，各区县找准着力点和突破口，采取各有特色的工作措施，将任务细化落地。[3]

（2）以项目为导向

表 8-10　五大功能区项目情况

都市功能核心区和城市功能拓展区	围绕现代都市功能提升和先进制造业集聚，以市场化投资为主，2014 年实施了 290 个市级重点项目，2015 年又推出轨道交通、桥隧、高端装备、电子信息、商务服务等 290 个市级重点项目，年度计划投资 1950 亿元，现已完成投资 1420 亿元
城市发展新区	围绕"两化"提速，加大招商引资力度，2014 年实施市级重点项目 150 多个，2015 年推出高速公路、能源、装备、化工、园区基础设施等 210 个市级重点项目，年度计划投资 1400 亿元，现已完成投资 1020 亿元
渝东北生态涵养发展区和渝东南生态保护发展区	围绕基础条件改善和特色产业发展，加大政府公共资源配置力度，2014 年实施市级重点项目 80 个，2015 年推出铁路、高速公路、能源、旅游、现代农业等 115 个市级重点项目，年度计划投资 650 亿元，现已完成投资 370 亿元

3. 区域合作效果显著

区域合作效果见表 8-11。

表 8-11　区域合作效果

都市功能核心区	加快高端要素集聚和现代大都市形象提升，2016 年上半年服务业增加值占比从 2015 年年末的 77.9% 提高到 81.4%，远高于全市 50% 的平均水平
城市功能拓展区	加快先进制造业集聚和产城融合发展，战略性新兴产业增加值占全市一半以上，彰显全市经济"引擎"功能
城市发展新区	加快工业化、城镇化进程，2016 年上半年，工业附加值、固定资产投资、工业投资、实际利用内资四个指标总量和增速均领先全市其他区域

---

[1] 曾立、陈钧：《五大功能区域发展战略的成效初步显现》，《重庆日报》2015 年 10 月 19 日。
[2] 曾立、陈钧：《五大功能区域发展战略的成效初步显现》，《重庆日报》2015 年 10 月 19 日。
[3] 曾立、陈钧：《五大功能区域发展战略的成效初步显现》，《重庆日报》2015 年 10 月 19 日。

渝东北生态涵养发展区和渝东南生态保护发展区	"面上保护、点上开发"并行并重，大力发展特色产业，2016年上半年接待游客数量超过5000万人次，同比增长约20%

8.4.4　新区域主义视野下重庆五大功能区政府间合作展望

1. 完善合作机制

（1）利益分配、补偿机制

利益分配应当以"地方付出"为标准，这里的"付出"主要包括三个层次。首先是资源付出。重庆五大功能区的开发与建设是以资源的挖掘与开发为基础的，因此，毫无疑问，付出较大资源代价的地方应当获得更大份额的经济收益。其次是行政付出。对于在行政决策上有重大贡献或者是行政成本较大的地方要获得较高的收益。最后是技术、知识付出。这主要存在于发展水平较高的核心城市。在区域合作过程中，核心城市往往扮演提供技术、资金支持等方面的角色，理应获得合理的收益。

这里有一点需要特别关注，即核心城市与边缘城市的收益率和回报率往往是不对等的，现代意义上的边缘不仅指地理层面的边缘，也涵括政策层面的边缘这一层内涵，边缘区县往往无法全面获得政策红利，也无法获得上级政府的进一步扶持与资助，由此形成在整个重庆五大功能区跨域合作中话语权较低的现象，出现高资源付出、低经济收益并存的不合理现象，这就需要构建合理的利益补偿机制。补偿机制包括经济补偿、社会发展补偿、自我发展能力补偿。经济补偿即是从各个层面给予边缘区县财政扶持与资助。社会发展补偿即是在重庆五大功能区发展过程中获得较多利好的城市从技术、经验等层面帮助边缘城市构建完善的医疗卫生体系、文化教育体系等。自我发展能力补偿即是帮助边缘城市提高自我发展的能力，例如强化边缘区县与市属、省属科研机构以及各类高校的双向合作，提高其资源开发和利用的效能。

（2）风险转移、共担机制

建立科学、合理的风险转移、共担机制。由于管理观念与管理能力落后，市场机制不完善，人才、资源流动不畅等阻碍因素客观存在，导致重庆五大功能区地方政府在经济、政治、公共服务等方面的合作还存在较大的不确定性与未知风险。因此，需要由成渝政府牵头，组织相关学者、专业人士尝试建立风险共担机制。

建立完善的风险转移、共担机制的关键是实现成渝政府之间信息共享，保证有关信息在整个重庆五大功能区内无障碍流通，在"互联网＋"的背景下，构建重庆五大功能区的网络信息共享平台，加速区域内的信息流通与交换，尤其要加强边缘区县对信息的获取能力与反应能力。另外，成渝政府要越出狭隘的地方保护主义思维圈，在面临风险时，加强双向交流与合作，提高政治互信，利用双子星的特殊区域格局，形成互为支撑点的风险转移模式。最后要建立风险预警机制，对于潜在的区域突发性公共事件要加强监控，加强联合应对能力，提高地方政府间的配合度与政策默契度。

2. 提升政府合作效能

（1）完善政绩评价机制

成渝政府应尝试构建多指标的综合型政绩评价机制，跳出"唯 GDP"的思维怪圈，防止重庆五大功能区整体或部分转向成为政绩工程的墙基。

重庆五大功能区综合政绩评价体制应以区域整体经济实力为基础。财政水平是完善基础设施、推进区域内公共服务均等化的基本保障。此外，经济实力也是检验政府政策效益水平最直接、最直观的指标。因此，在评价地方政府政绩时，区域内整体经济实力仍然是基准线。重庆五大功能区综合政绩评价体制应以政策的执行力和可持续性为重要依据。民众的认可与拥护是保持政策执行力的前提。因此，政府政策在制定之前必须经过充分的调研，使政策真正成为反映利益相关者需求和意见的文本框架，既定政策也只有有高度的执行力才能保证政策的长期性与稳定性。重庆五大功能区综合政绩评价体制应以区域公共服务均等化为发展指标。重庆五大功能区的建设与发展，其核心价值追求就是以人为本，促进区域民众的发展能力与水平提升，进而成为中国西部经济的新引擎，成为国家经济增长第四极。因此，必须重新审视政府对于提高区域公共服务均等化的能力与水平在政绩评价中的重要地位和价值，以此引导政府的行政方向的合规化、人本化。

　　另外，重庆五大功能区地方政府政绩评价方式与主体也应当与时俱进，不断创新，继而成为促进地方政府间合作有效性与稳定性的重要保障。评价主体应当突破自上而下的一维主体，并进入自下而上的多维主体，形成涵括上级行政部门、相关专家学者、媒体组织、利益相关者在内的多元评价主体，考察地方政府的合作政策、措施是否协调了多方利益，满足了多方需求，使政府政绩真正成为多元主体诉求的表征。由于评价主体范围的扩大，评价机制的创新便成为一种理性化的诉求与表达，评价方式应当包括实体测评和网络测评两大类。实体测评的重要数据来源为地方政府的工作报告、相关专家学者的研讨会以及对利益相关者的问卷调查和深度访谈等，而网络评价在极大地促进了政绩评价流程民主化的同时，也需要积极关注和妥善解决虚假评价和恶性评价等问题。

　　（2）明确区域发展定位

表8－12　重庆市五大功能区发展定位

一体化建设现代化大都市区	以山水、田园、绿带等生态空间为图底，以主要交通廊道为发展轴带，推动都市功能核心区、城市功能拓展区、城市发展新区一体化发展，建设现代化大都市区，构建与直辖市体制、国家中心城市功能、超大城市规模相匹配的城市空间载体，成为成渝城市群的核心支撑。实施《重庆大都市区规划》，加快推进大都市区交通一体化和城市运行管理同城化。加快大都市区产业布局一体化，以物流流向、交通线走向、流域关系等为主线，增强各组团产业关联度和融合度
建设渝东北城镇群和渝东南城镇群	渝东北生态涵养发展区和渝东南生态保护发展区分别依托各区县城，沿长江、乌江及主要交通干线，形成分布合理、重点突出的城镇空间格局。推动"万开云"板块同城化、一体化建设，充分发挥其引领带动作用，有序推进梁平、丰都、垫江、忠县、城口、奉节、巫山、巫溪等县城开发建设。突出民俗文化特色，加快黔江和秀山、武隆、石柱、彭水、酉阳等区县城联动发展

3. 构建多元治理网络

　　提高重庆五大功能区合作治理能效和综合竞争力，不仅需要深化功能区地方政府间的双向多维合作，更需要引入营利部门、公益部门和利益相关者等治理主体，厘清各类主体之间的利益需求与联系，促使各类主体实现点对点互动，构建面对面的交流平台，最大限度地发挥各类治理主体的积极性与创造性，构建重庆五大功能区以地方政府为主体，融入营利部门、公益部门和利益相关者的整体性治理主体布局。

（1）营利部门

作为国民经济"细胞"的企业，以营利为主要目的，促进区域间资源、要素的高效流动，能有效地促进区域经济一体化程度并切实加强跨区域各领域的协作与协同。对于引入营利组织参与重庆五大功能区的跨区域合作，政府部门要做好"扫路"和"铺路"的工作。

营利组织参与重庆五大功能区的建设以及合作可以从企业合作和地方政府公共服务的购买两个层面展开。

首先是加强重庆五大功能区跨区域之间的产业协作与联系。各功能区在资源条件方面存在显著的差异，金融、商贸、电子工业、旅游是成都的传统优势，而重庆的优势在于汽车摩托车产业、装备制造业、能源、物流，在经济上存在很强的互补性。因此，成渝应当携手打破地方经济保护主义，构建促进重庆五大功能区内资源要素自由流动、高效配置的大市场，形成涵括价值链的上中下游企业的带动效应以及相关产业的波及效应在内的乘数效应，以此来强化跨区域的产业联系与紧密度。

其次是通过政府公共服务购买的形式来实现跨区域地方政府与企业之间的协作互补。例如，成渝交界处的边缘区县往往得不到核心城市的经济辐射，获得的上级政府的政策红利也较少。上级政府往往将关注点放在核心城市的发展而较少关注边缘城市的发展，而在提升区域整体竞争力的压力与追求下，上级政府可以把边缘区县的部分功能与职能外包给专业化的企业来实现。例如，将公共卫生服务职能外包，允许民营资本进入医疗卫生领域。

（2）公益部门

发挥公益部门在促进重庆五大功能区地方政府跨区域合作的进程中有三点应当受到特别的关注。

首先是公益部门的自主性。公益部门作为独立于官方机构的第三方组织应该获得完全的自主运作权，并且其社会主体权应当受到法律的认可。因此，政府相关部门要制定相应的法律肯定公益部门在重庆五大功能区跨域治理中的地位，使其获得更高社会认可度而作为治理主体中的重要一极存在，并且通过立法的形式规范其合作治理的介入、退出模式等。

其次是公益部门的资金来源。毫无疑问，公益部门应当形成以财政支持为基础，以社会捐赠为主体，以会员缴费为重要补充的多元化的运作资金构成渠道，政府应当给予公益部门一定的财政补助与支持，并对实行社会捐赠的企业、个人实现税收减免政策以实现政府财政向公益部门的隐形倾斜。另外，公益部门应鼓励成员为组织的发展缴费作为促进组织运转的重要补充资金。

最后是公益部门的运作模式。一方面可以采取直接参与模式，即公益部门直接作为跨区域合作的一极而存在。例如，参与区域间公共文化服务的供给，为留守儿童、老人提供日常帮助、护理等。另一方面可以采取间接参与模式，即公益部门在政府相关部门的指导下作为重庆五大功能区内跨区域交流的重要平台。例如，搭建成渝两地民间艺术家的文化交流平台，促进民间艺术的互动。

（3）利益相关者

将重庆五大功能区建设公众参与委员会作为独立于现有的行政体系与重庆五大功能区行政机构之外的社会公众力量参与重庆五大功能区地方政府跨域合作的非官方组织。该组织作为民意表达机构在组织和日常运行上不受政府机构的直接管辖，但可接受政府的财政支持与政策扶持。此外，社会捐赠是该组织机构重要的资金来源，该组织可以作为社会捐赠组织或者个人向政府机构表达自身利益诉求的一个平台和机制。因此，重庆五大功能区建设公众参与委员会的核心价值和职能有三：首先是作为公众表达和维护自身利益的平台，其次是协调政府与利益相关者的关系，最后是通过自下而上的方式促进地方政府跨域治理。

重庆五大功能区建设公众参与委员会由享有最高决定权的主席团、负责日常运作的执行委员会以及行业专家代表团、社会团体代表团和公民个人代表团五大部分组成。主席团在行业专家代表团、社会团体代表团和公民个人代表团中选举产生，履行该机构的最高决定权、监督权和人事任免权，其他部门都要受其监督，对其负责。执行委员会负责该机构的资金运作以及日常事务的处理，并且作为该机构与政府部门直接接触与交涉的部门。行业专家代表团由在各行各业具有较高专业水准、在该行业具有较高权威和较大话语权的专家学者构成，对跨区域公共事件代表该机构进行专业层面的分析，并向政府有关部门提交分析报告。社会团体代表由相关的企业组织、行业协会和公益组织的成员构成，作为群体利益的代表发声。公民个人代表团主要由跨区域公共事件的利益相关者构成，直接代表公民个人的利益，突出强调公民的主体地位和以人为本的特色。与其他两个代表团相比，公民代表团最具灵活性和高效性，其成员具有较大的流动性，往往根据公共事件的不同而改变利益相关者的构成情况，一旦完成某一跨区域公共事件的利益寻求，该事件的公民代表团就自动解体以降低日常的部门运作开销。

提高重庆五大功能区合作治理中的民众参与度和民主化程度，除了建立重庆五大功能区建设公众参与委员会之外，还应当完善各类民意表达机制，拓宽民意表达渠道，使经济区的政策策略更大程度地反映利益相关者的需求，这也是提升重庆五大功能区发展规划的执行力与稳定性的重要保障。

第九章　应然选择：成渝经济区地方政府跨域治理的优化路径

成渝经济区在制度设计和合作治理的实践操作中，取得了显著的成绩，区域内经济实力大大增强，各项阻碍人才、技术、经验横向流动的藩篱逐渐被打破，中国经济增长第四极的趋势愈加明显，服务均等化初步实现，正在向西部大开发的双向动力引擎不断演进。但与此同时，成渝经济区地方政府在合作治理的进程中，布局理念导向、体制机制设计、法规政策制定、运作流程落实等诸多方面也不可避免地存在缺陷，尤其是基于政府跨域治理的竞争与合作以及涉及合作主体间风险规避、利益分配机制尚不完善，极大地降低了地方府际合作的稳定性、持久性。这些问题仍需要从目标导向、组织耦合、运作流程等多方面设计纾解措施。

研究认为，为进一步实现成渝地方政府跨域治理过程中协作能力的增强与公众需求的满足，首先需要厘清成渝经济区内合作治理网络行动者之间的利益联系和内在机理，继而着重勾勒地方政府职能定位、运用以及适用性转变，通过实践范式与竞争机制的更新与实施构建一个以政府引导为核心、涵括第三方机构以及利益相关者在内的外围共建与内部治理相结合的跨区域合作治理行动者网络。

9.1　理念重塑：跨域治理合作的治理思维

9.1.1　跨域治理的目标价值

政府跨域治理对于传统公共治理的挑战在于突破了传统"行政区行政"

治理模式的固有弊端，使政府治理行为不再各自为政、画地为牢。与以往的"闭合性行政"不同，跨域治理的目标价值往往更趋向于关注行政区划边界外或跨行政区域的"区域公共问题"，目的在于依托"地方政府—区域公共管理共同体—地方政府"的谈判协调的制度安排，实现在自觉意识下的各地方政府对跨区域公共事务的合作治理。

成渝经济区府际跨域协作的创新性制度设计，核心在于破除原有行政分区的刚性约束，确立地区治理的新型布局导向与路径结构。其目的在于克服传统内向型行政的弊病，将由于行政区划而产生的"外部性"通过破除行政区划而使之内部化，进而降低由此产生的交易费用。为实现这一目标，一方面，应从多元化主体这一特点入手，内外围合作建立统一的技术标准与信息资源整合机制以应对长期以来内部治理面临的信息孤岛问题；另一方面，应从社会价值、经济效益与资源配置等角度进行深度考量，更新以往基于地方利益而产生的传统治理理念，克服区域合作治理中存在的行政壁垒问题。根本目的就是要实现从地理疆界划分治理结构模式到以公共事务为核心的综合性治理结构模式的转变。

9.1.2　跨域治理的治理理念

如前文所述，成渝经济区区域经济一体化、工业化、城市化飞速发展，进而导致大量跨区域公共事务的出现。这一系列事务均表明传统的行政区治理理念已经难以适应新时代条件下经济社会发展的要求，亟须从府际关系、社会环境与内外动力等多个层面重新树立政府跨域治理公共事务的新思维。

其一，确立成渝经济区政府跨域治理过程中区域合力与良性竞争理念。区域公共事务治理主体多元化决定了主体间存在着不可消弭的合作竞争关系，彼此依托公权力，形成了具备多元化、分散性、多方互动的治理模式，进而形成错综复杂的合作与竞争关系。因此，在政府跨域治理过程中，一方面以伙伴关系为保障，以民主协商为手段寻求共同目标，凝聚共识，实现合作治理，建立起基于共同价值、市场公平、利益共享的协作模式；另一方面应通过重设政府层级、调整行政区划等方式弱化府际竞争基础，促进良性竞争与合作共赢，形成跨区域间的政策合力进而发挥政策叠加效应，加快形成有利于人才、资金、技术自由流动与配置的成渝大市场机制，构建统一的市场入退机制，从而加快区域间的企业合作与产业联系，提升合作主体的竞争力。

其二，确立成渝经济区政府跨域治理过程中利益分配与资源共享理念。对于跨域治理而言，利益关系是圈层化区域内府际关系滞障的缘起，亦是府际合作与竞争的最基础的动力。确立区域利益分享理念是政府跨域合作进程中消弭滞障、促进合作的核心问题。区域利益分配共享理念的核心在于共享整体收益、适应差异化利益诉求，最终构建跨域政府间利益共同体。在此过程中，应通过协调产业利益、市场利益、资源利益与公共投资利益，建立基于互惠双赢的利益共享、风险共担的良性协调机制。与此同时，由于府际利益共享难以避免部分治理主体利益受损，因此应当树立风险意识与补偿意识，即是在成渝经济区发展过程中获得较多利好的城市从技术、经验等层面帮助边缘城市构建完善的医疗卫生体系、文化教育体系等，自我发展能力补偿即是帮助边缘城市提高自我发展的能力，例如强化边缘区县与市属、省属科研机构以及各类高校的双向合作，提高其资源开发和利用的效能。

其三，确立成渝经济区政府跨域治理过程中市场驱动与政府治理相结合的理念。市场经济的发展与经济一体化趋势的深入，冲破了传统行政区划，对于跨域产业布局、行政规划产生着不可忽视的影响。学界认为，当政府主导的区域经济合作被企业超越和主导时，现代化的速度将会得以有效提升。不可否认的是，经济一体化进程虽然极大地促进了跨域治理中政府间的合作，但可能不利于弱化府际竞争基础，故在政府跨域治理的过程中，应提倡政府指路与市场推进相结合的治理思维，本着提高行政效率和共赢的理念，打破行政区划的框架，在区域规划、基础设施、环境保护、市场准入等方面加大市场驱动跨域治理的力度的同时，加强城市圈现有的合作组织权威性，将强化及完善各种合作机制上升到制度化层面，以消除区域规划所带来的合作阻力，同时避免各地方政府的产业雷同、基础设施重复、无序竞争，为经济一体化背景下生产要素在区域内自由流动创造良好环境。

其四，确立成渝经济区政府跨域治理过程中"无缝隙"治理与数据治理理念。"碎片化"的行政体系背景下，府际部门与地方区域间呈现"各自为政"的数据格局，纵向业务流程的行政主体间呈现弱关系的治理格局，数据壁垒的横亘导致公共产权性数据信息难以实现在多层级政府间的迅速共享，进而导致信息交互领域的行政错漏问题严重。❶ 伴随着信息技术的发展，电子政务实践得到了极大的飞跃，并对政府跨域治理的运作机制、服务提供模式以及行政方式产生着极大的影响。因此，在跨域治理的过程中，应坚持数据治理理念，构建"无缝隙治理"的府际关系格局。所谓"无缝隙治理"，即针对跨域合作的行政壁垒，组织相互作用和影响的治理因素畅通无阻地衔接，消除既往的碎片化和各自为政的服务。其实质在于依托大数据的现实价值为服务对象提供整体的、持续的、具弹性的服务，减少政府公共事务治理的时间费用、提高行政效率。

总而言之，成渝经济区地方政府在跨域治理区域公共事务中必须走出传统科层制的思维定式，让更多的供给主体参与进来，利用多种方式实现区域公共事务更有效率的合作治理。

9.1.3　跨域治理的目标效果

政府跨域治理对于协调府际关系内外动力及反动力的博弈态势具有重要的现实意义，将从根本上纠正内外动力与反动力互相博弈过程中的固有缺陷。通过化解传统行政模式具有的府际离散力，构建城市圈政府间的耦合力。这一过程的实现，前提在于区域经济发展与政府战略协同的协调统一，并通过政府间的竞争合作而呈现。需要说明的是，成渝经济区基于此的政府合作，往往注重合作行为具有长效性，以追求互利共赢的一体化关系。就最终效果而言，将以政府合作为主要通路，取得如下三个方向的成效：第一，不同等级的城市实现协调发展，城市经济与农业现代化联系更加紧密；第二，特大城市出现逆城市化趋势，城市承载压力减轻；第三，形成新兴的增长极，打破区域发展不协调的现状，进一步带动经济增长。

跨域治理最终目的的核心是基于共同认知、利益共享、市场公平的相互协作。总体来说，成渝地方政府都应该转变行政思维，实现从区域内部单极政府管理到跨区域多政府合作治理的转变，促进政府合作、规范行政权力，构建行政权力的约束和监督机制。深化对成渝经济区的合作广度、合作深度的认识，越出产业合作的狭隘界限，形成以产业经济合作为着力点，以交通、广电、教

---

❶　张琳：《我国家政行业体面劳动的公共支持体系研究》，华中师范大学学位论文，2015 年。

育等为主要内容，以公共服务均等化为核心目标的成渝合作新布局。

9.2　外围共建：跨域治理合作的规制优化

9.2.1　政府协同合作的法律依据

跨域政府治理涉及强烈的政府协同关系，而这一关系的实现，基本上是依靠区域间政府所缔结的行政协议。目前，我国相关法律法规规定："地方立法主体在不与宪法和法律、行政法规等相抵触的前提下，可以地方具体情况和实际需要为依据制定地方性法规。"[1] 然而，由于跨域治理过程中多主体化所导致的难以避免的利益纷争与风险承担，实质上仍旧基于地方保护主义所设立的地方性法规难免与行政协议产生某些方面的冲突，若一味地按照固有法律规范进行处理，难免会使合作区域间相互掣肘，从而导致地区竞争力减弱。故在应对这一冲突时，所需要的则是更加鲜明有力的跨域治理的法律地位与行政协议的法律效力。

当前，有关跨域政府治理的有效法律依据仅以处理地方政府间争议类为主，缺乏赋予地方政府缔结相关协议、明确地区间关系、实现协同合作的法律支持。这不单是成渝府际合作的阻碍，亦是我国各地城市圈政府跨域治理的痼弊。这一缺陷的存在，导致政府跨域治理的行政协议不具有明确的法律意义，致使在处理行政协议与地方性法规、地方政府规章制度与其他规范性文件的效力冲突问题时，因缺乏确定的文件效力而阻止了跨域治理中协议作用的功能发挥。这也意味着从法律上赋予区域间政府合作协议一定的刚性是具有现实意义的。

9.2.2　政府协同合作的法律效力

由于政府跨域合作缺乏规范的评价机制和确认的法律依据，政府间在关键问题和可操作的措施的协调之上大都是反复磋商谈判。因此，在确立法律依据

---

[1] 王作全：《论我国法制统一的内涵、价值及实现途径》，《内蒙古社会科学（汉文版）》，2012年第 1 期。

的前提下赋予政府跨域治理、协同合作以确凿的法律效力，重点在于塑造贯串政府协同行为的审查、评估与监督三个环节的法律体系。这一法律体系的构建，必须清晰地规定处理政府跨域治理问题所涉及的法律法规的效力位阶，以便有秩序、有条理地处理政府合作协议与地方法律法规之间可能存在的矛盾与冲突。

就具体的法律体系构建的目标价值而言，其一是应赋予审查政府跨域合作相关协议这一行为以法律效力。意即对要签订的协议做完整的事先调查，诸如相关机构或上级部门的政策精神、法律在此方面的要求、将要签署的行政协议是否与现存的政策存在冲突及冲突的具体表现、行政协议成员方情况亦即对根据行政协议进行的管理活动可能出现的后果进行预测分析等。其二是应赋予评估政府跨域合作过程这一行为以法律效力。意即对政府跨域合作进程中所完成的事宜、达成的效果依据某确定的标准进行评估与考核，以便在充分了解合作进度、发展进程的前提下进一步深化府际合作。其三是应赋予监督政府跨域合作过程这一行为以法律效力。通过对行政协议实施效果进行评价，了解哪些地方需要改进、是否继续执行该行政协议以及是否继续参加后续的一系列区域协议。但需要说明的是，就目前的实践来看，尚未建立这种科学合理的行政评价体系，故在未来的发展进程中仍需加强该机制的创新构建。

就跨域治理所涉及的立法模式而言，主要可以参考以下三种可能的路径。其一，地方立法模式。这一模式充分考虑到了地方利益的问题，有利于根据实际情况调动不同区域政府的积极性。这一模式意味着在制定政府跨域治理法治规范的过程中，应充分考虑到地方性法规的普适性问题，尽可能地在跨域治理的范围内推行有关示范法，目的在于在各个地方政府之间达成意见上的统一。其二，行政协议法模式。行政协议法由全国人大或其常委会制定，具有高度约束力。一方面，其可以解决不平等协议问题，能够强化公平价值；另一方面，将能有效地避免重复立法。其三，行政程序模式。即把行政协议作为重要的内容规定于行政程序法典中。但这一模式虽对立法效率的提高有意义，但缺乏涉及实体法的意义。

9.2.3 政府协同合作的法律建议

如前文所述，当前区域府际合作并未获得法定权力与地位，主要是以

"人"为推动力而非"法治"。故研究认为，为府际合作寻求法律保障是当务之急，具有重要的现实意义。

一方面，应加快推进跨域合作治理的权力立法。加快府际合作治理区域公共事务的权力立法工作，首先要在宪法和地方组织法中明确规定地方政府合作治理区域公共事务的权力、权限和职责等相关事项；同时，通过立法使地方政府获得合作治理的法定权力，使之有权开展府际区域公共事务的合作治理，最终为地方政府合作治理区域公共事务提供宪政基础。

另一方面，应从法律范畴上进一步扩大地方政府的自主权。以发达国家为例，其分权与地方自治制度在区域治理与经济发展中是值得借鉴的。地方政府自主权的扩大，有利于充分发挥中央与地方两个治理主体的主观能动性，使治理行为中主体的财权和事权相对一致。法律保障中央与地方在跨域治理中的职责，对于保障地方政府权力的稳定、为其提供权力保障与自治基础具有重要的意义。

同时，我国还应进一步完善我国地方自治制度，加快制定我国"地方自治法"，明确界定地方政府的事权范围和合作治理区域公共事务的权责，改变前述的实践和法律规定相脱节的现象，确保地方政府自治制度的有效贯彻和落实。在赋予合作治理合法权方面，应制定《跨域政府合作治理区域公共事务管理条例》或者《地方政府合作治理区域公共事务章程》，明确规定合作治理的方式、架构、人力资源配置以及合作事项的范围与权责、违反条例的惩戒等。在解决地方政府法规冲突的层面，应从推进地方政府的横向协作立法入手，共享政府间立法资源。诸如东北三省政府签订的《东北三省政府立法协作框架协议》，则是通过立法途径解决地方政府法律法规的冲突问题。除此之外也可通过完善司法途径解决该问题。

9.3　内部保障：跨域治理合作的组织建设

9.3.1　跨域治理的动力激励制度

跨域治理合作的主体具有强烈的理性经济人色彩，因此，建立成渝经济区地方政府合作治理跨域公共事务的动力机制是极为重要的。在这一过程中，调整行政区划或依靠市场机制的演变，而针对多元主体的差异化利益诉求建立动力机制，则成为脱离跨域治理现存困境的重要路径。

首先，应从成渝地区区域经济一体化的宏观经济背景入手，直面区域间不断增长的共同利益，正确认知跨域合作的现实意义与价值。其次，以科学合理的地方政府绩效考核体系为手段，引导与塑造政府官员的价值取向与行为模式，以提升府际合作动力。对一个地方政府政绩的评价一方面应以历史发展水平为基础、以资源禀赋为条件、以长远发展为导向、以可持续发展为核心；另一方面，应该把该地方经济社会发展与促进区域经济社会发展的贡献结合起来。同时，要把在其解决公共事务过程中的成本与收益、其发展经济的能力同提高社会效益的能力结合起来。

9.3.2 跨域治理的府际协调制度

如前文所述，为跨域治理进展通畅，府际关系协调是处于核心位置的问题。这不仅关系着政府间是否能以良性竞争、合作共赢的方式展开公共事务的治理，也关系着城市圈经济一体化的深入发展。故应建立跨域治理的府际协调制度，强化区域认同与府际信任。

其一，应构建良好的信息沟通机制。由于政府间、部门间的信息与知识共享的障碍，使彼此间缺乏信任，就很难在区域公共问题和服务上达成共识，协作的理念难于形成，协作起来也就增加了不少难题。因此，未弥补这一信任鸿沟，政府应制定跨区域合作治理的规范性文件及政策，从制度上确保跨区域合作治理组织的权威；还应建立信息公开制度，打造信息沟通平台，各相关部门的电子政务信息基础设施和系统需要打破区域障碍和行政壁垒，实现互联互通。举例而言，诸如制定一体化的电子政务战略规划以充分整合资源、实现信息资源共享，突破"信息孤岛"现象，打造"一体化"的电子政务架构体系则不失为一个有力举措。

其二，应构建政府跨域治理的区域认同机制。区域认同是区域成员对于其所属地域的共有文化、生活方式、归属等问题在精神、理念层面的自我评判及认识，是区域发展长期历史进程中多方要素互动及整合后的结果，其形成动力既包括自然力量，也包括政治力量。区域认同的最终达成必须要有区域内广泛的社会参与。❶ 因此，在构建区域认同的过程中应该将行政力量与社会力量相互结合，最终建立起完善的户籍制度与社会保障制度，及成熟的资本、技术、产品、人才、产权信息互联互通的市场环境，进一步促进跨域合作区域下认同感的形成与提高。

9.3.3 跨域治理的监督约束制度

跨域治理与区域一体化需要建立一个统一的商品、要素与服务的市场，这不仅仅涉及棘手的区域公共事务问题，也与地方利益密切相关。权利分配与再分配具有非规范性，这决定了上下级政府之间权力关系的衍变是随政策机制的变化而渐进的。因此，构建中央派出监管机构的核心问题便是处理好其权限。该机构独立于成渝经济区的行政政府之外，而接受国务院的直接领导并对其负责。该机构对成渝经济区行政政策的执行力、财政的收支情况、经济增长率、经济区的社会影响力等项目进行监察，每半年形成综合报告并直接提交给国务院，再由国务院进行评估后，将结果反馈给成渝地方政府。

建立一个由国务院直接领导的成渝经济区合作治理效能的监管机构，其主要职能是统一制定本区域经济、社会、文化、生态等的远期发展战略规划及政策措施，监督规划与政策措施的落实，并辅助制定地方性综合发展战略，推动局部战略与总体战略无缝衔接。

中央派出监管机构的核心职能便是对成渝经济区的发展以及地方政府间的跨区域合作成效进行监管，并主要从三个维度进行监管：首先是成渝经济区的中央扶持资金以及地方财政的运行状况，保证每一分钱都落到实处，发挥每一分钱对成渝经济区发展的作用，对挪用公款等现象防患于未然；其次是对成渝经济区发展的绩效进行监管，考评其经济发展的性能，即成渝经济区的经济是否实现了集约化发展、绿色化发展、知识化发展，使发展成果真正惠及每一位区域内的公众；最后是对区域官员的政绩进行监管，防止片面化的政绩工程出现，制定系统化的政绩考量指标，使有德有能者有公平的升迁渠道，而不是经济区内各类开发机构的职位浪费在无行政能力、无服务区域发展的态度、无决策水平的三无行政官员身上。

---

❶ 徐宛笑：《武汉城市圈府际关系研究》，华中科技大学学位论文，2012 年。

9.4 协同执行：跨域治理合作的运作流程

9.4.1 利益整合机制

行政区经济及政绩向心力和离散力并存的利益机制表现为经济利益及政治博弈后所形成的利益格局。在成渝经济区跨域治理的过程中，应建立科学的利益补偿机制，构建一个统一协调的市场竞争规则。具体而言，可以归纳为基于政府间共同利益的整合、基于合作中风险补偿的整合以及基于治理间成果共享三个方面的机制建设导向。

第一是基于政府间共同利益的整合机制。意即根据成渝经济区区域一体化的趋势，共同编制有关项目发展规划，设立跨地区的建设项目，根据项目的需要组织区域内各地的财力物力，共同建设或开发。这一整合机制的核心意义在于培育府际信任，建立多元信任网络。政府间的共同利益，狭义上指经济利益是地方政府合作的最主要推动力，也是府际合作信任产生的根本基础。这就需要在成渝经济区范围内建立起一个大型统一的市场，依靠市场的力量强化地方政府间的共同利益。在此过程中应该发挥成都、重庆两大主要市场的带动作用，构建分级市场协调合作的模式，加强城市圈现有的经济合作的权威性，并辅以各种合作机制的完善，最大限度地抵消因为行政区经济所带来的府际合作反动力。

第二是基于合作中风险补偿的整合机制。关于政府跨域治理的问题，大部分学者都对合作治理过程中使地方政府所可能遭遇到的风险进行了研究。这些风险的可能性分布于征地、交通、产业、贸易等诸多方面。从根源上考虑，建立良好的风险补偿机制，实际上是在区域经济一体化的态势下所实现的支付转移。在纵向维度上，地方政府对于税源的争夺往往表现为通过降低土地出让价格或政策、税收优惠等方法招商引资。在横向维度上，成渝经济区跨域治理过程中，地方财政提供公共物品的外部性和地方财政利益分配的不均衡，可通过协作建设产业园区，进行企业异地转移、合并、重组以及异地投资等方式对相关城市实现补偿。

第三是基于治理间成果共享的整合机制。将这一概念具象化，主要体现为税收收入共享。学者戴维·米勒将税收收入共享称为财政区域主义，他认为："由于城市区域内地方政府服务与决策的碎片化，阻碍了经济发展及增长政策所带来的收益再分配，而税收共享机制能够将区域离散政治结构所带来的成本最小化，能够在维持现有城市区域行政结构的前提下促进区域经济理性、有序发展。"❶ 跨域政府合作实现后的税收共享，能够通过弱化基于地方差异性诉求而引致的地方利益纷争促进合作；而对于利益受损方的补偿也可以通过协调地方政府机会主义所带来的辖区外溢出成本实现，这与基于风险补偿的利益整合机制也是相互契合的。

除上文所述之外，建立合理利益补偿机制和绩效评估机制，鼓励参与主体多元化、区域一体化也将为利益整合机制的实施提供有效的补充。

9.4.2　议题协商机制

协商式政府间主义指的是在府际以信任为基石，以平等协商为手段达成对于公共事务的一致性认识，并以此为基础制定共同遵守的契约。这一方式在欧盟、美国等地区和国家得到了良好的运用，也为我国跨域政府治理提供了意义卓越的参考。

以欧盟为例。由于欧盟诸多组织机构都体现着政府间机构的色彩，所以议题协商制合作有利于推进高效且公平的决策程序实现。欧盟理事会作为欧盟最高的决策机构，往往根据审议问题的性质与重要性，依照简单多数、资格多数与全体一致的不同要求进行表决。其中，全体一致代表每一成员国均拥有否决权。这一制度的优越之处在于，它使得各成员国的政府行动具有共同的约束作用，能够考虑并兼顾到成员间的利益纷争。除此之外，诸多欧美国家在合作跨区域公共事务时，也建立了拥有协调区域事务职权的相关协商机构，区域间政府通过在议题上的沟通与协商，实现在尊重各个区域利益前提下的共识。就目前我国现存问题来看，不仅地区行政规划决定了府际合作需求，地缘特征与产业提升亦是其内生性动力，这也就为跨域合作议题导向指明了方向。然而，目前成渝经济区行政区的机制比较松散，缺乏强有力的决策能力，议题协商机制

---

❶ D. Y. Miller, *The Regional Governing of Metropolitan America*, 2002.

的重点在于府际合作协调，以期在保证各方利益的基础上，实现经济区、城市圈的共荣发展。因此，成渝经济区跨域合作治理公共事务，需要建立和发展多元化的地方政府间横向协调机制，通过建立健全地方政府间关系协调的治理机制实现跨域合作与治理，是在行政区划背景之下实现区域经济一体化和有效清除地方保护主义的有效路径。不难看出，欧美在此之上的先例为成渝经济区府际合作治理跨区域公共事务提供了有益的启迪，在跨域政府治理的过程中，针对利益协调难、合作绩效差等现存问题，应采取有效的议题协商机制。以成渝经济区地方政府跨域治理为例，应参考上文所述发达国家的治理经验，采取不同议题的不同表决制。比如，应对一般性治理问题，可采取一地一票制，最终按照简单多数进行结果决定。在此过程中，为了避免可能发生的对部分地区利益的损害问题，可结合相应的利益补偿、风险保障机制予以防止与弥补，最终目的都应以有利于整个经济区的未来发展为主。

就政府部门而言，首先应该设立地方联合协调管理机构。作为跨区域合作的参与主体的地方政府需要提高合作的积极性以及合作的意愿与配合度，因此建立一个由各地方政府代表构成，成员构成比例合理，能科学反映治理范围内各级地方政府的利益诉求的地方联合协调管理机构尤为重要。地方联合协调管理机构应该从四个方面加强建设与组织。首先是机构成员的代表性。只有机构成员设置科学合理，才能使该机构真正成为各地方利益的协调与仲裁机构，使各个级别的地方政府以及地方政府所代表的地方利益诉求得以表达，这样的机构做出的决策才具有公信力，从而推动其政策的执行力。不同地方政府在该机构中的代表人员数量主要由区域范围、区域经济水平以及区域行政级别等要素决定。这里有一点需要特别注意，即是要保证边缘落后地区也要有一定的代表人员。其次是该机构的职权范围。应该通过立法等形式赋予该组织机构相应的立法权、行政权以及财政权。作为成渝经济区的最高行政机构，该机构应当拥有最高人事任免权与监督权，经济合作区的其他一切机构由它产生，对它负责，受它监督。再次是该机构专业水准。该机构作为最高管理机构，应当避免机构臃肿、人浮于事的情况产生，力求机构精简，提高该机构的运行效率。该机构的人员构成不仅要考虑到区域平衡，也需要注重构成人员的专业水平与业务能力，需要由在财会、政策制定、宣传等部门和领域具有突出能力的人员构成。最后是该机构最重要的现实属性即职能。该机构的主要职能应该包括建设重大交通设施，开发与利用能源资源，构建有利于要素自由流动与配置的大市场体系，尤其要帮助边缘地区实现发展，提高其医疗卫生水平、教育与公共文化服务水平，从而提高区域整体实力。有一点值得注意，对待边远落后区域要注重开发而不是援助，注重培养其自我造血功能而减轻对外部输血的依赖，即要提升其自我持续发展的能力。

9.4.3 协同执行机制

高效、稳定、可持续的政府间跨行政区划合作治理网络的构建需要始终以地方政府为核心关注点与基本出发点，并从"政府""部门"和"社会"三个维度，系统、全方位审视跨域政府合作的优化路径。在前文提到的政府内部要更新合作理念，扫清府际合作的意识层面阻滞，提高合作的意愿与积极性的同时，通过引入营利部门、公益部门等超政府组织，不断优化合作主体的组合，提高合作的效能，使建设成果普惠于每一位区域公众，真正做到以人为本、服务于民的经济区建设与发展的价值追求。因此，提高地方政府间的合作治理能效和综合竞争力，不仅需要深化地方政府间的双向多维合作，更需要引入营利部门、公益部门和利益相关者等治理主体，厘清各类主体之间的利益需求与联系，促使各类主体实现点对点互动，构建面对面的交流平台，极大地发挥各类治理主体的主观能动性与创造性，构建以地方政府为主体，融入营利部门、公益部门和利益相关者的整体性、协同性、互补性的治理主体布局。

此外，对于成渝经济区而言，在地方联合协调管理机构之下设置专项执行机构是非常有必要的。这类机构主要是针对特别事项成立的，具有高针对性。例如，成立交通规划小组，负责区域政府间交通基础设施建设规划与后期协调管理；成立地区数据中心，负责地方大数据库的建设与运用；成立区域资源环境协调开发与保护小组，负责资源开发与环境保护，等等。跨区域政府治理的专项执行机构应以"专事专办，特事特办，高效快捷"为原则，以公共文化服务均等化、基础设施完善化、区域市场一体化为重点，在其权限内推动地区高效运作。专项机构最大的特点，或者说相对于常设机构的优势是其机动性和效益性。专项机构往往根据经济区内的突发事件而组织相关专家、学者和政府行政人员构建起一个临时性的工作团队，快速有效地解决突发事件，一旦事件被解决，该临时性的专项机构就会被解散，这样也可以大大降低政府的财政压力。

正如上文提到的，营利组织作为协同合作的一个重要组成部分，可以发挥第三方部门在跨域治理中对政府的协同作用。因此，参与成渝经区的建设以及合作可以从企业合作和地方政府公共服务的购买两个层面展开。加强成渝经济区跨区域之间的产业协作与联系，构建促进资源要素自由流动、高效配置的大市场，形成涵括价值链的上中下游企业的带动效应以及相关产业的波及效应在内的乘数效应，以此来强化跨区域的产业联系与紧密度，以政府公共服务购买的形式来实现跨区域政府与企业之间的协作互补。与此同时，实现成渝经济区跨域治理，破除阻碍公益部门发展的制度阻隔机制，进而为公益部门创造良好的发展制度环境以降低交易成本。建设府际公益部门，以社会内生动力自下而上地推进成渝府际合作，逐步实现地区经济共同体的构建。最后，还应实现政府与社会公众之间在跨域治理事务中的合作关系。建设公众参与委员会作为独立于现有的行政体系与跨域治理行政机构之外的社会公众力量参与地方政府跨域合作的非官方组织，对于促进跨域治理过程中的协同执行有重要的意义。提高跨域治理中的民众参与度和民主化程度，除了建立地区内建设公众参与委员会之外，还应当完善各类民意表达机制，拓宽民意表达渠道，使经济区的政策策略更大程度地反映利益相关者的需求，这也是提升跨域治理发展规划的执行力与稳定性的重要保障。在电子政务发展迅速的背景下，通过实现基于社会公众反馈的区域一体化实质运作背景下的政务联合，将促进建立具有实质意义的"联合电子政府"，也将成为运用现代信息技术实现电子跨域治理的案例。

9.4.4 效果评价机制

根据我国当前政府绩效考核体系重视对经济"量"的考察，以投资规模、税收情况、GDP 增长速度等为主。然而，这一类绩效评价机制容易导致资金大量涌进利润率高、税率高的行业，导致严重的产能过剩以及资源的严重浪费，最终致使经济效率低下和经济结构失衡，也不利于地区优势资源的开发与创新性发展。因此，应尝试构建多指标的综合型政绩评价机制，跳出"唯 GDP"的思维怪圈，防止成渝经济区整体或部分转向成为政绩工程的墙基。重构政府绩效评价体系，改善地区之间的利益关系，有助于推进区域合作发展。

就成渝经济区政府跨域合作的评估内容而言，首先，跨域政府合作综合政绩评价体制应以区域整体经济实力为基础。财政水平是完善基础设施，推进区域内公共服务均等化的基本保障。当然，经济实力也是检验政府政策效益水平最直接、最直观的指标。因此，在评价地方政府政绩时，区域内整体经济实力仍然是基准线。其次，综合政绩评价体制应以政策的执行力和可持续性为重要依据，民众的认可与拥护是政策执行力的前提。因此，政府政策在制定之前必须经过充分的调研，使政策真正成为反映利益相关者需求和意见的文本框架。也只有让既定政策有高度的执行力，才能保证政策的长期性与稳定性。此外，跨域政府合作综合政绩评价体制还应以区域公共服务均等化为发展指标，其核心价值追求就是以人为本，促进区域民众的发展能力与水平，进而发展为中国经济的新引擎，成为国家经济增长第四极。因此，必须重新审视政府对于提高区域公共服务均等化的能力与水平在政绩评价中的重要地位和价值，以此引导政府行政方向合规化、人本化。同时，跨域政府治理绩效评估机制不可忽视政府推动市场化进程的成效，即打破市际商品和要素流动的壁垒，促进城市圈统一市场的形成，达到区域经济的协调可持续发展的成效。

就成渝经济区政府跨域合作的评估主体而言，地方政府政绩评价方式与主体也应当与时俱进，不断创新，继而成为促进地方政府间合作有效性与稳定性的重要保障。评价主体应当突破自上而下的一维主体，而要进入自下而上的多维主体，形成涵括上级行政部门、相关专家学者、媒体组织、利益相关者在内的多元评价主体，考察地方政府的合作政策、措施是否协调了多方利益，满足了多方需求，使政府政绩真正成为多元主体诉求的表征。由于评价主体范围的扩大，评价机制的创新便成为一种理性化的诉求与表达，评价方式应当包括实体测评和网络测评两大类。实体测评的重要数据来源为地方政府的工作报告、相关专家学者的研讨会以及对利益相关者的问卷调查和深度访谈等。而网络测评在极大地促进了政绩评价流程民主化的同时，也需要积极关注和妥善解决虚假评价和恶性评价等问题。

为了实现跨域政府绩效评估主体范围的扩大化，必须要协调各绩效评价子系统的功能和作用的发挥，实现政府绩效评估的外部评估与内部评估有机统一，"除了政府机关内部评估外、组织人事部门和审计机关评估外还要特别重视人大、政协和公民、社会团体、社会舆论机构、中介机构评估"❶。这不仅能够促进政府绩效评估机制在促进一体化进程中政府间协作中的作用，也将推进问责主体明确化，使同体问责与异体问责相结合。

---

❶ 谢宝剑：《珠三角一体化进程中地方政府协作研究——整体政府的视角》，中山大学学位论文，2010年。

第十章　尾　论

中国的城市化发展至今，形成了长三角、珠三角、京津冀等诸多城市群。作为我国发展的重要战略机遇期的成果，区域协调及跨域治理无疑对于城市化的健康发展以及城乡统筹发展有着越来越重要的作用和意义。区域一体化是大势所趋，而期间政府跨域合作治理则成为现行体制下推进区域一体化的关键一环。相对于传统的府际相关理论，本研究立足于当前"一带一路"、长江经济带建设以及新一轮西部大开发等国家战略的持续深入推进的时代背景与成渝地区发展的现实态势，在整合归纳了学界理论经验及现实实践经验的基础上对成渝政府跨域合作治理这一问题进行了一系列完整的研究，围绕这一问题提出了治理结构与导向上的建议，并针对成渝合作现存的诸如行政壁垒、碎片化管理及自我中心主义等困境和滞阻提供了改革方向与具体思路。

研究由于某些客观因素的限制，存在一定的局限。主要体现如下。首先，由于资料收集的途径有限，本研究对于国外在该领域的研究理论与实践经验的掌握尚不足，使得本研究对一体化进程中地方政府跨域合作的理论归纳略显局限于国内。同时，考虑到成渝经济区发展历史、现实状况的特殊性与在地性，国内对该问题做系统研究的文献较少，致使本研究在对该区域政府跨域治理问题的困境、措施等方面进行整合分析时显得不够成熟。此外，成渝经济区政府跨域治理实际上尚处于起步阶段，仍有潜在问题与隐患存在的可能，一些地方政府间的深层矛盾和困境还不突出，未来的协作也有可能会遭遇到更为棘手的状况。但这些问题的预测是本研究无法完全实现的，因此也就使当前研究缺乏一定程度上的前瞻性思考。对于上述研究中存在的局限，研究团队将在未来进一步跟踪研究、力图补足、努力突破。今后将更为关注成渝地带政府间合作治理的重点难点、路径创新等问题，进一步关注不同地方政府间跨域合作治理的不同内容、不同模式与不同经验，努力涉足问题研究的更深层领域。

就目前来看，我国为进一步推进城市化的不断深入，区域协调发展是首要任务。先前，《全国城镇体系规划》明确提出我国将形成京津冀、长三角、珠三角、辽中南、成渝五大经济区。而这一布局中，成渝地区作为一个重要的支点，对于实现中西部崛起、加速区域间融合、推进我国健康城市化进程有着重要的意义。当前成渝合作具有发展优势和有利条件，未来定将更好地实现成渝两地产业互补、资源共享、城市共建、双核共舞、交通共联、民生共享、机制共通，而推进成渝城市群双核共同发展、形成成渝"同城化"发展新格局，使成渝经济区发展成重要增长极的愿景也一定会实现。

附 录

附1 成渝经济区区域跨域合作主要政策文本统计表

时间	标志性文件	主要内容
2001 年	《重庆—成都经济合作会谈纪要》	第一次提出"成渝经济"概念
2003 年	《中国西部大开发重点区域规划前期研究》	首次在国家层面的报告中出现"成渝经济区"概念
2004 年	《中国西部大开发中重点经济带研究》	长江上游"蝌蚪形经济带"的区域中心是成渝经济区
2004 年	《关于加强川渝经济社会领域合作共谋长江上游经济区发展的框架协议》	构建"1+6"川渝合作协议
2006 年	国家西部大开发"十一五"规划	明确提出建设成渝经济区
2007 年	《关于推进川渝合作共建成渝经济区的协议》	确定"成渝经济区"的地理范围
2008 年	《关于深化川渝经济合作框架协议》	标志着川渝合作共建成渝经济区进一步深化
2010 年	《成渝经济区区域规划》	经国家发改委主任办公会审议通过，上报国务院审批
2011 年	《成渝经济区区域规划》	国务院正式批复

附2 成渝经济区地方政府跨域合作治理实例统计

成渝经济区地方政府跨域合作治理实例统计

序号	时间	合作主体		合作层次	合作领域	合作程度	合作方式
001	2007.06	成都市	九寨沟（阿坝州）、峨眉山	2	5	6	2
002	2007.08	彭州市（成都市）	东坡区（眉山市）	2	5	4	6
003	2008.01	彭州市（成都市）	金牛区（成都市）	2	5	6	6
004	2008.08	成都市	眉山市	2	5	4	6
005	2008.08	雅安市水勘院	甘孜州	2	2	5	4
006	2008.12	重庆市渝中区	南充市	3	5	4	6
007	2009.06	北碚区	华蓥市（广安市）	3	5	4	6
008	2009.07	青羊区（成都市）	蒲江县（成都市）	2	5	4	2
009	2009.08	金牛区（金牛区）	石渠县（甘孜州）	2	1	5	4
010	2009.08	康定县（甘孜州）	石渠县（甘孜州）	2	1	2	4
011	2010.01	成华区（成都市）	重庆市渝中区、荣昌县	3	8	1	6
012	2010.02	青羊区（成都市）	蒲江县（成都市）	2	5	5	6
013	2010.03	武胜县（广安）	重庆市合川区妇幼保健院	3	7	1	3
014	2010.04	武胜县（广安）	重庆市合川区	3	8	1	2
015	2010.05	双流县（成都市）	仁寿县（眉山市）	2	5	6	5
016	2010.05	渠县（达州市）	大渡口（重庆市）	3	5	6	6
017	2010.06	大邑县（成都市）	西岭镇（成都市）	2	5	5	4
018	2010.06	双流县（成都市）	彭山县（眉山市）	2	5	4	6
019	2010.06	越西县（凉山州）	成都龙泉驿区	2	5	6	2
020	2010.07	石柱县	万州区	1	5	5	2
021	2010.07	通川区（达州）	重庆市	3	5	5	6
022	2010.08	石棉县（雅安市）	甘洛县（凉山州）	2	5	4	3
023	2010.09	四川省农科院	九寨沟县（阿坝州）	2	2	2	6
024	2010.09	成都市	凉山州	2	2	6	5

成渝经济区地方政府跨域合作治理实例统计

序号	时间	合作主体		合作层次	合作领域	合作程度	合作方式
025	2010.11	成都市第三人民医院	甘孜县人民医院	2	7	2	4
026	2011.01	成都市	蒲江县（成都市）	2	7	5	2
027	2011.02	青白江区（成都市）	蒲江县（成都市）	2	6	3	3
028	2011.02	内江市	黑水县（阿坝州）	2	5	5	4
029	2011.03	大足县政府	重庆市市监局	1	5	3	6
030	2011.03	武侯区（成都市）	新津县（成都市）	2	6	4	6
031	2011.03	新津县（成都市）	武侯区（成都市）	2	6	2	1
032	2011.03	黑水县（阿坝州）	内江市、隆昌县	2	6	2	2
033	2011.03	成都军区总医院	金牛区卫生局	2	7	6	6
034	2011.04	青羊区（成都市）	蒲江县（成都市）	2	5	5	6
035	2011.04	武胜县（广安）	重庆市	3	5	6	5
036	2011.05	天全县（雅安市）	道孚县（甘孜州）	2	8	2	3
037	2011.05	重庆市	旌阳区（德阳市）	3	7	1	3
038	2011.05	邻水县（广安）	重庆市南岸区	3	8	2	3
039	2011.05	通川区（达州）	重庆市南岸区	3	5	5	2
040	2011.06	彭州市（成都市）	甘孜州乡城县	2	6	4	4
041	2011.07	成华区（成都市）	金牛区安监局	2	7	5	6
042	2011.07	武胜县（广安）	重庆市就业局、南岸区、江北区、渝中区、巴南区	3	7	5	2
043	2011.08	顺庆区（南充市）	丹巴县（甘孜州）	2	5	4	4
044	2011.10	新都区（成都市）	开江县（达州市）	2	5	2	3
045	2011.10	叙永县（泸州市）	纳溪区（泸州市）	2	6	1	3
046	2011.10	四川省煤田地质局	马尔康县（阿坝州）	2	2	6	3
047	2011.10	遂宁市	合川区	3	6	5	6
048	2011.11	壤塘（阿坝州）	岳池（广安市）	2	8	2	4
049	2011.12	长寿区	垫江县	1	5	6	4
050	2011.12	广安市	马尔康县（阿坝州）	2	6	2	3
051	2012.02	成华区（成都市）	青白江区（成都市）	2	5	4	6

续表

成渝经济区地方政府跨域合作治理实例统计

序号	时间	合作主体		合作层次	合作领域	合作程度	合作方式
052	2012.03	大渡口区	荣昌县	1	6	2	3
053	2012.03	青羊区（成都市）	锦江区、成华区（成都市）	2	8	2	3
054	2012.04	龙泉驿区（成都市）	郫县（成都市）	2	6	4	6
055	2012.04	武侯区（成都市）	新津县（成都市）	2	4	4	6
056	2012.04	武侯区（成都市）	新津县（成都市）	2	6	4	3
057	2012.04	青羊区（成都市）	崇州市（成都市）	2	1	1	1
058	2012.04	青羊区（成都市）	蒲江县（成都市）	2	6	3	3
059	2012.04	龙泉驿区（成都市）	郫县（成都市）	2	6	5	6
060	2012.04	成华区（成都市）	大邑县（成都市）	2	5	5	4
061	2012.04	成都市武侯区	色达县（甘孜州）	2	1	5	4
062	2012.05	仁寿县（眉山市）	彭山县（眉山市）	2	5	2	2
063	2012.05	沿滩区（自贡市）	四川理工学院	2	6	5	6
064	2012.05	邻水县（广安）	重庆市	3	8	1	2
065	2012.05	渝北区	宣汉县（达州市）	3	5	1	2
066	2012.06	渝北区	江北区、渝中区、九龙坡区	1	8	3	2
067	2012.06	青羊区（成都市）	荣县（自贡市）	2	5	5	4
068	2012.06	成华区（成都市）	丹巴县（甘孜州）	2	5	4	4
069	2012.06	巴塘县（甘孜州）	双流县（成都市）	2	6	1	2
070	2012.06	安岳县（资阳市）	潼南	3	3	4	6
071	2012.07	德格县（甘孜州）	成都高新区、新都区	2	8	1	4
072	2012.07	乐山市交通运输委员会	理塘县（甘孜州）	2	6	2	4
073	2012.07	温江区（成都市）	色达县（甘孜州）	2	7	5	4
074	2012.07	龙泉驿区（成都市）	甘孜州	2	4	5	4
075	2012.07	西昌电业局	喜德县政府（凉山州）	2	7	5	4
076	2012.07	蓬安县（南充市）	重庆市	3	5	4	6

成渝经济区地方政府跨域合作治理实例统计

序号	时间	合作主体		合作层次	合作领域	合作程度	合作方式
077	2012.08	涪陵区	重庆市	1	4	4	6
078	2012.08	大渡口区	忠县	1	8	5	4
079	2012.08	大足区	市经信委	1	5	5	6
080	2012.08	武侯区（成都市）	新津县（成都市）	2	6	5	3
081	2012.08	成都市	米易县（攀枝花市）	2	5	4	6
082	2012.08	武侯区（成都市）	新津县（成都市）	2	5	4	1
083	2012.08	武侯区（成都市）	崇州市（成都市）	2	8	3	2
084	2012.09	郫县（成都市）	龙泉驿区（成都市）	2	6	4	6
085	2012.09	青羊区（成都市）	荣县	2	5	5	4
086	2012.09	威远县（内江市）	自贡、泸州、宜宾、内江、乐山、眉山、资阳	2	1	2	2
087	2012.09	绵阳市	红原县（阿坝州）	2	6	5	6
088	2012.09	广汉市	阿坝州	2	2	6	6
089	2012.09	资中县（内江市）	黑水县（阿坝州）	2	6	4	4
090	2012.10	重庆江津区	沿河自治县教育局、重庆市江津区教委	1	6	2	6
091	2012.10	青羊区（成都市）	荣县	2	7	4	4
092	2012.10	武胜县（广安）	重庆市合川区	3	5	1	6
093	2012.10	重庆大渡口区	渠县（达州市）	3	8	1	3
094	2012.10	重庆市经信委	梁平县（重庆市）	1	2	5	2
095	2012.11	重庆市经信委	忠县人民政府	1	5	5	6
096	2012.11	崇州市（成都市）	武侯区（成都市）	2	6	4	1
097	2012.11	崇州市（成都市）	武侯区（成都市）	2	6	4	6
098	2012.11	郫县（成都市）	大邑县（成都市）	2	7	5	6
099	2012.11	渝北区	西充县（南充市）	3	5	1	1
100	2012.12	重庆江津区	重庆市知识产权局、江津区人民政府	1	5	5	6
101	2012.12	成华区（成都市）	大邑县（成都市）	2	5	4	6

成渝经济区地方政府跨域合作治理实例统计

序号	时间	合作主体		合作层次	合作领域	合作程度	合作方式
102	2012.12	高新区（成都市）	郫县（成都市）	2	5	5	5
103	2012.12	彭州市（成都市）	新都区（成都市）	2	8	3	1
104	2012.12	新都区（成都市）	金牛区（成都市）、彭州市（德阳市）	2	5	4	6
105	2012.12	洪雅县（眉山市）	西昌市（凉山州）	2	5	4	2
106	2012.12	岳池县（广安）	重庆市	3	5	6	5
107	2013.01	青羊区（成都市）	蒲江县（成都市）	2	5	4	6
108	2013.01	重庆市电力公司	铜梁县	1	2	6	6
109	2013.03	古蔺县（泸州市）	富顺县（自贡市）	2	4	1	3
110	2013.03	会理警方（凉山州）	雷波警方（凉山州）	2	1	2	3
111	2013.03	重庆市	广安市	3	5	6	2
112	2013.03	武胜县（广安）	重庆市合川区	3	8	5	2
113	2013.04	重庆市经信委	梁平县	1	5	3	3
114	2013.04	德阳市	彭山县（眉山市）	2	5	1	3
115	2013.04	眉山市	小金县（阿坝州）	2	5	6	6
116	2013.05	郫县（成都市）	邛崃市（成都市）	2	5	3	4
117	2013.05	青羊区（成都市）	蒲江县（成都市）	2	8	5	6
118	2013.05	眉山市	金川县、小金县、马尔康（阿坝州）	2	7	6	6
119	2013.05	稻城县民政局（甘孜州）	芦山县（雅安市）	2	1	5	4
120	2013.05	渝北区	宣汉县（达州市）	3	8	3	6
121	2013.06	泸州市	甘孜州	2	2	3	3
122	2013.06	汶川县（阿坝州）	西昌县（凉山州）	2	5	4	6
123	2013.06	重庆市	四川省	3	5	4	6
124	2013.06	武胜县（广安）	重庆市	3	5	5	5
125	2013.07	锦江区（成都市）	金堂县（成都市）	2	5	4	4
126	2013.07	广安区（广安市）	重庆市	3	5	6	5
127	2013.07	武胜县（广安市）	合川区	3	8	5	5

成渝经济区地方政府跨域合作治理实例统计

序号	时间	合作主体		合作层次	合作领域	合作程度	合作方式
128	201308	盐亭县（绵阳市）	四川省冶金地勘局	2	2	4	6
129	2013.09	成华区（成都市）	武侯区教育局	2	6	5	7
130	2013.09	万源市（达州市）	重庆市旅游局、重庆市渝中区人民政府	3	5	6	2
131	2013.09	重庆市经信委	梁平县	1	5	5	5
132	2013.10	重庆市电力公司	武隆县	1	2	4	7
133	2013.10	美姑县（凉山州）	马边等相邻六县	2	8	5	7
134	2013.10	邻水县（广安）	垫江县	3	8	5	6
135	2013.11	重庆研究院	开县人民政府	1	3	3	7
136	2013.11	南充市	天全县（雅安市）	2	5	6	4
137	2013.11	苍溪县（广元市）	阿坝县	2	7	5	2
138	2013.11	三台县（绵阳市）	江油市（绵阳市）	2	6	5	3
139	2013.11	彭州市（成都市）	绵竹市、什邡市（德阳市）	2	5	6	5
140	2013.11	自贡市	内江市	2	3	5	2
141	2013.11	凉山州	宜宾市	2	4	5	6
142	2013.11	广安市	合川区	3	2	4	6
143	2013.12	市经信委	梁平县	1	5	6	5
144	2013.12	西充县（南充市）	渝北区	3	5	5	2
145	2014.01	东坡区（眉山市）	金川县（阿坝州）	2	5	6	4
146	2014.02	珙县（宜宾市）	江安县、兴文县（宜宾市）	2	6	2	3
147	2014.02	珙县（宜宾市）	屏山县（宜宾市）	2	8	1	3
148	2014.02	小金县（阿坝州）	金堂县（成都市）	2	5	4	6
149	2014.03	成华区（成都市）	大邑县（成都市）	2	6	2	2
150	2014.03	成华区（成都市）	锦江区（成都市）	2	5	4	6
151	2014.03	邻水县（广安）	垫江县（重庆市）	3	8	6	6
152	2014.04	青羊区（成都市）	蒲江县（成都市）	2	7	5	6

成渝经济区地方政府跨域合作治理实例统计

序号	时间	合作主体		合作层次	合作领域	合作程度	合作方式
153	2014.04	新都区（成都市）	崇州市（成都市）	2	8	4	1
154	2014.04	射洪县（遂宁市）	盐亭县（绵阳市）	2	5	4	6
155	2014.05	综保区（成都市）	泸州市	2	4	6	6
156	2014.05	资中县（资阳市）	重庆市	3	5	6	2
157	2014.06	璧山县市政园林管理局	重庆市风景园林科学研究院	1	3	1	3
158	2014.06	成华区（成都市）	大邑县（成都市）	2	6	3	2
159	2014.06	青羊区（成都市）	蒲江县（成都市）	2	8	3	3
160	2014.06	德阳市	阿坝县	2	7	5	4
161	2014.06	德阳市	若尔盖县	2	6	2	6
162	2014.06	宜宾市	翠屏区（宜宾市）	2	8	3	3
163	2014.06	四川省人民对外友好协会	凉山州委、凉山州人民政府	2	3	5	3
164	2014.06	青羊区（成都市）	纳溪县（泸州）	2	5	4	6
165	2014.06	邻水县（广安）	重庆市渝北区	3	5	5	6
166	2014.06	渝北区	邻水县（广安市）	3	5	4	5
167	2014.07	南川区	涪陵区	1	1	5	6
168	2014.07	什邡市（德阳市）	北川（绵阳市）	2	5	4	6
169	2014.08	丹棱县（眉山市）	成都市	2	5	6	7
170	2014.08	江津区	合江县（泸州市）	3	4	4	2
171	2014.08	邻水县（广安）	重庆市	3	5	5	5
172	2014.08	重庆市	丰都县	1	7	5	4
173	2014.09	大渡口区	荣昌县、南川区、北碚区、巴南区	1	6	1	3
174	2014.09	铜梁政府	西南大学	1	6	6	6
175	2014.09	青羊区（成都市）	蒲江县（成都市）	2	7	4	1
176	2014.09	遂宁市	新都区（成都市）	2	5	2	2
177	2014.09	三台县（绵阳市）	安县（绵阳市）	2	6	5	2
178	2014.09	重庆市气象局	垫江县	1	3	4	6

成渝经济区地方政府跨域合作治理实例统计

序号	时间	合作主体		合作层次	合作领域	合作程度	合作方式
179	2014.10	隆昌县（内江市）	荣昌县	3	5	4	6
180	2014.10	邻水县（广安）	重庆市	3	5	5	6
181	2014.11	高县（宜宾市）	翠屏区（宜宾市）	2	5	6	5
182	2014.11	前锋区（广安市）	重庆市	3	5	6	5
183	2014.12	丰都	重庆市出入境检验检疫局	1	2	1	2
184	2014.12	德阳市	若尔盖县	2	4	6	4
185	2014.12	洪雅县（眉山市）	仁寿县（眉山市）	2	7	1	3
186	2014.12	青羊区教育局	金牛区教育局	2	6	5	6
187	2014.12	华蓥市（广安）	重庆市	3	5	5	5
188	2014.12	岳池县（广安）	重庆市	3	3	2	4
189	2015.01	忠县	重庆师范大学	1	2	6	7
190	2015.01	德阳市	阿坝县	2	7	6	4
191	2015.01	四川省科技厅	内江市	2	5	6	5
192	2015.01	宜宾市政府	新龙县政府	2	7	3	4
193	2015.01	隆昌县（内江市）	荣昌县	3	5	6	5
194	2015.03	江北区	九龙坡区、沙坪坝区、南岸区、北碚区	1	5	5	2
195	2015.03	双桥经开区（大足区）	重庆市投资促进局	1	5	5	4
196	2015.03	璧山实验小学	重庆巴蜀小学	1	6	2	3
197	2015.03	巫溪县	市扶贫办	1	7	3	
198	2015.03	奉节县书协	高雅、羊市小学	1	6	1	2
199	2015.03	青羊区（成都市）	蒲江县（成都市）	2	7	3	1
200	2015.03	成都市	彭山区（眉山市）	2	4	2	6
201	2015.03	南充市	南部县（南充市）	2	1	3	3
202	2015.03	营山县（南充市）	雁江区（资阳市）	2	7	1	3
203	2015.03	四川省能源投资集团有限责任公司	开县县政府	3	5	4	5

成渝经济区地方政府跨域合作治理实例统计

序号	时间	合作主体		合作层次	合作领域	合作程度	合作方式
204	2015.04	涪陵	武隆、丰都	1	5	6	2
205	2015.04	铜梁区政府	永嘉镇安溪镇（铜梁区）	1	5	3	1
206	2015.04	青羊区（成都市）	天府新区	2	6	4	6
207	2015.04	成都市	德阳市	2	5	5	2
208	2015.04	内江市	黑水县（阿坝州）	2	7	4	4

注释	注1：合作层次分为重庆大市内部合作（1）、四川省内部合作（2）、经济区内川渝合作（3）三大类。
	注2：合作领域分为防灾治安（1）、资源开发（2）、环境保护（3）、交通运输（4）、产业发展（5）、文化教育（6）、社会民生（7）、公务行政（8）八大类。
	注3：合作程度由低到高依次分为信息交流（1）、共同学习（2）、评估商讨（3）、共同规划（4）、联合行动（5）、联合开发（6）六大层次。
	注4：合作方式分为政策互惠（1）、资源共享（2）、人才交流（3）、对口帮扶（4）、产业园区共建（5）、协议签署（6）、机构设置（7）七大类。

附3　访谈提纲与访谈对象一览表

访谈提纲与访谈对象一览表

	题号	问题
访谈提纲	1	请问，您对成渝经济区有哪些了解？
	2	您觉得地方政府间的跨域合作对成渝经济区的整体发展有必要吗？
	3	请问，您觉得成渝经济区地方政府在合作过程中有哪些有利因素？
	4	请问，您觉得成渝经济区地方政府在合作过程中有哪些不利因素？
	5	您知道成渝经济区的地方政府有哪些合作项目吗？（列举）
	6	您对成渝经济区地方政府跨域合作取得的效果满意吗？
	7	您认为在推进成渝经济区地方政府合作进程中，成都市和重庆市分别应扮演怎样的角色？
	8	您认为社会公众/企业组织/专家学者等群体应该如何参与成渝经济区地方政府的跨域合作？
	9	您认为地方政府在推动成渝经济区跨域合作过程中应该发挥怎样的作用？
	10	您觉得提升成渝经济区地方政府间合作效果的措施还有哪些？

访谈对象	利益相关者	访谈代号	访谈日期	访谈内容
	政府官员	C－C	2014 年 4 月	成渝经济区地方政府跨域合作的现有项目、策略等
		Y－C	2014 年 5 月	
	企业组织	C－E	2014 年 7 月	企业参与成渝经济区跨域合作的主要渠道与内容
		Y－E	2014 年 8 月	
	专家学者	C－S	2015 年 3 月	成渝经济区跨域合作的动因、阻滞因素以及优化策略
		Y－S	2015 年 4 月	
	社会公众	C－P	2016 年 2 月	成渝经济区跨域合作效果的满意度以及主体参与度
		Y－P	2016 年 3 月	

附4　成渝经济区地方政府跨域
合作效果满意度调查问卷

成渝经济区地方政府跨域合作效果满意度调查问卷

尊敬的先生/女士:

您好!

我们是基金项目"××××××××××"的调查组成员,为有效反映成渝经济区地方政府跨域合作效果,进一步增强其合作效果,使其合作成果惠及广大公众,我们展开本次问卷调查,请您如实回答下列问题。我们将对您的个人信息绝对保密,您的回答只会被用作科研分析,绝不外泄,请您放心回答。

再次感谢您的支持,祝您生活愉快!

第一部分　基本问题

1. 请问您的性别是:

A. 男　　　　　　　B. 女　　　　　　　C. 不清楚

2. 请问您的年龄是:

3. 请问您的户籍属于:

A. 农村户籍　　B. 城镇户籍

4. 请问您的学历为：

A. 未上过学　　　　　　　　B. 小学学历

C. 初中学历　　　　　　　　D. 高中学历

E. 专科及以上学历

5. 请问您听说过"成渝经济区"这个名词吗？

A. 听说过　　　B. 没有

6. 请问您清楚成渝经济区包括的范围吗？

A. 非常清楚　　　　　　　　B. 较清楚

C. 一般　　　　　　　　　　D. 较不清楚

E. 很不清楚

7. 请问您知道成渝经济区是哪一年正式成立的吗？

A. 知道　　　B. 不知道

8. 请问您在成渝经济区内属于哪个片区？

A. 双城　　　B. 两圈　　　C. 一片

第二部分　客观效果（请在相应的方框内打钩）

地方政府跨域合作耦合性	A. 很低	B. 较低	C. 一般	D. 较高	E. 很高
9　资源互补性					
10　产业对接性					
11　定位配比性					
地方政府跨域合作协同性	A. 很低	B. 较低	C. 一般	D. 较高	E. 很高
12　执行政策的系统化					
13　公共服务的均等化					
14　交通运输的通达化					
地方政府跨域合作可持续性	A. 很低	B. 较低	C. 一般	D. 较高	E. 很高
15　城乡统筹度					
16　区域均衡度					

第三部分　主观期望与满意度（请在相应的方框内打钩）

	公众期望	A. 很低	B. 较低	C. 一般	D. 较高	E. 很高
17	优质服务					
18	高效服务					
19	全方位服务					
	公众价值感知	A. 很低	B. 较低	C. 一般	D. 较高	E. 很高
20	自我价值实现感知					
21	社会价值实现感知					
	公众满意度	A. 很低	B. 较低	C. 一般	D. 较高	E. 很高
22	政策信息透明度					
23	民意表达畅通度					
24	跨区域参与程度					
25	电子政务对接程度					
26	总体满意度					

注1：调查区域"一区双城两圈一片"中，一区指成渝经济区，双城指成都市和重庆市主城九区，两圈指环绕成都市由绵阳、德阳等组成的天府圈以及环绕重庆主城九区由长寿区、涪陵区等组成的两江圈，一片指由达州、广安、开县、梁平县等组成的成渝边缘交界片区。

注2：本问卷所呈现的问题是经过结构方程模型修正后，最终进入模型的问题。

注3：为提高问卷有效性，本问卷调查采用受访者回答、调查员代为勾选答案的方式进行。